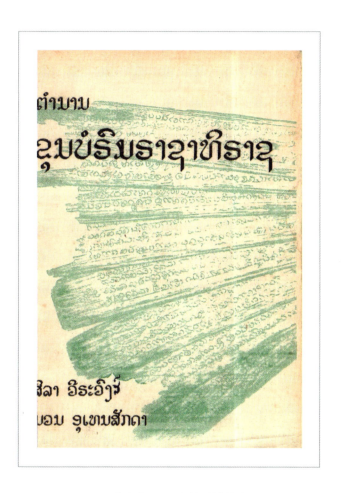

·《昆布罗王》原书封面

亚洲经典著作互译计划

KUNBULUO
WANG

昆布罗王

〔老挝〕马哈西拉·维拉冯
〔老挝〕努安·乌恬萨达 / 编著

陆慧玲 / 译

天津出版传媒集团

天津教育出版社
TIANJIN EDUCATION PRESS

图书在版编目(CIP)数据

昆布罗王 / (老)马哈西拉·维拉冯,(老)努安·乌恬萨达编著;陆慧玲译. -- 天津 : 天津教育出版社,2023.3

ISBN 978-7-5309-8909-8

Ⅰ. ①昆… Ⅱ. ①马… ②努… ③陆… Ⅲ. ①老挝—历史 Ⅳ. ①K334

中国版本图书馆 CIP 数据核字(2022)第 210077 号

本书依据《中华人民共和国国家新闻出版署和老挝人民民主共和国新闻文化旅游部关于中老经典著作互译出版的备忘录》,由老挝文旅部委托老挝万象传媒独资有限公司,授权天津教育出版社在中国出版发行。

版权登记号 图字 02-2022-249

昆布罗王

KUNBULUOWANG

出 版 人	黄 沛
作 者	〔老挝〕马哈西拉·维拉冯 努安·乌恬萨达
译 者	陆慧玲
选题策划	任 洁
责任编辑	谢 芳
装帧设计	郭亚非

出版发行　天津出版传媒集团
天津教育出版社
天津市和平区西康路 35 号 邮政编码 300051
http://www.tjeph.com.cn

经 销	新华书店
印 刷	天津新华印务有限公司
版 次	2023 年 3 月第 1 版
印 次	2023 年 3 月第 1 次印刷
规 格	32 开(880 毫米×1230 毫米)
字 数	80 千字
印 张	5

定 价	30.00 元

目 录

CONTENTS

关于《昆布罗王》一书的出版说明

（1967 年 11 月第一次印刷）

　　《昆布罗王》是一部关于老挝历史的古典作品。老挝所有的史书，无论是用法语、泰语还是用老挝语撰写的，都以《昆布罗王》的内容作为重要依据。据观察研究，笔者认为《昆布罗王》一书自古代以来至少经历过五次修撰，具体情况如下。

昆布罗王

第一次修撰或第一版:成书于维逊拉腊王在位时期,大致为佛历二〇二六年①(公历 1483 年)。作者是维逊寺的高僧帕摩诃帖銮②、帕摩诃蒙坤辛梯以及维逊拉腊王与澜沧王国大臣。这一版《昆布罗王》在最后写道:

这本《昆布罗王》,是由维逊寺担任坦玛瑟那③昭敦皮④的帕摩诃帖銮与担任坦玛瑟那昭敦侬⑤的帕摩诃蒙坤辛梯昭⑥以及国王、全体大臣共同修撰而成,耗时五年。

---

① 佛历纪年比公历纪年早 543 年,即佛历纪年的计算方法为公历纪年加上 543。除特别说明外,本书的脚注均为译者所加。
② "帕"是老挝国王、王后、王子和公主名字的前缀,也可用于僧侣的前缀。
③ 意为佛法大师,是一种僧职。
④ 意为年龄较大的或级别更高的。
⑤ 意为年龄较小或级别较低的。
⑥ "昭"是佛、僧侣或君主称呼的后缀,也可用作前缀。

帕摩诃帖銮修撰的《昆布罗王》记载的内容到维逊拉腊王统治时期为止(本次印刷的版本就是以《昆布罗王》帕摩诃帖銮本为底本)。

第二次修撰或第二版:可能成书于帕赛雅谢塔提腊王[①]逝世后、帕耶[②]森苏林在万象登基时期,大约为佛历二一一〇年(公历 1567 年),编撰者为帕阿利亚旺索。这一版《昆布罗王》记载的内容到帕耶森苏林统治时期为止,该书最后写道:

　　朝廷众臣请帕耶森苏林代理朝政一年,但帕耶森苏林

———————————————————

① 在位时间大约为公历 1438—1480 年。
② 旧时老挝国王和贵族的称号。

却企图自立为王,遭到帕耶占的反对。帕耶森苏林将帕耶占杀死,然后登基。这本《昆布罗王》经过许多辈有德之人的修撰,世代流传。自此,若有哪位学者愿意增补内容,希望你们能根据自己的所见所闻进行修订补充。在澜沧大地上,没有任何一本史书能够像《昆布罗王》一样得到持续修撰。

这段话的最后几句表明,在帕耶森苏林统治时期,编撰者帕阿利亚旺索不敢记录当时在澜沧王国发生的事情,因为他还生活在彼时的"当下",由于害怕会触犯皇令,所以才写下这几句话。

第三次修撰或第三版:所记载的内容到帕耶蒙乔统治

时期为止。帕耶蒙乔于公历 1627 年（佛历二一七〇年、小历九八九年①）登基。此版编撰者不详。

第四次修撰或第四版：可能成书于公元 1705—1708 年间（佛历二二四八一二二五一年，小历一〇六七一一〇七〇年），即帕赛·翁·顺化即帕赛雅谢塔提腊二世在位时期。此版编撰者不明，但根据这一版最后的内容推测，作者可能是帕邦佛②的守护者披亚③西苏塔希那朗卡。这一版的最后一段这样写道：

---

① 小历纪年比公历纪年晚 638 年，即小历纪年的计算方法为公历纪年减去 638。
② 本文采用音译，即勃拉邦佛。
③ 即帕耶。

我还想修撰五个军事战略要地、勐①龚（勐彭）、勐普阿、勐森、勐那空、丁添、丁香、香冈、莫顶以及所有边境城市的地方志。任何人，无论是管理行政事务、教育事务、僧侣事务的大臣，还是负责占星事务的大臣，都应在弄清事情的始末之后，再对这本史书进行修订。小历一〇六七年三月十五日目曜日②午前，帕邦佛离开维逊寺，乘坐塔勐号船，于四月十九日火曜日③抵达占塔布里④，午时帕邦佛被请入巴萨銮寺。小历一〇七〇年九月初四己酉日土曜日⑤

---

① 古代老挝称国家或都邑为"勐"。"勐"的旧译汉名有"孟"和"芒"，本书统一译作"勐"。

② 即星期四。

③ 即星期二。

④ 即万象。

⑤ 即星期六。

上午①，髻发舍利②进入披亚西苏塔希那朗卡夫妇的挎包里，这个挎包被放在这对夫妇的床头上，也就是巴萨銮寺供奉着帕邦佛的地方。披亚西苏塔取出挎包里的金子购买用于沙弥晋升为和尚仪式的铜托盘，在打开挎包时他发现了髻发舍利，便把舍利带到宫廷腊萨库③面前。傍晚天上响起一声雷鸣的时候，他们把髻发舍利放进一个玻璃匣子里，又放入一个玻璃碗里。晚上，他们再将髻发舍利与帕邦佛放在一块儿供奉。过了两晚，又带着髻发舍利前去拜访占寺的腊萨库。又过了两晚，占寺的腊萨库和披亚西

---

① 指上午9点到11点。

② 舍利相传是释迦牟尼佛遗体火化后结成的珠状物。舍利可分为骨舍利、发舍利和肉舍利。这一段讲述了髻发舍利自行降临到披亚西苏塔希那朗卡的挎包里的故事，带有传奇色彩。

③ 意为帝师、国师、太傅。

苏塔才带着鬃发舍利前去进献给国王帕赛雅谢塔坦密伽拉萨提腊昭。国王在祭拜完鬃发舍利后，让披亚西苏塔将鬃发舍利带回，继续放在帕邦佛那儿供奉，然后用募集的八钯①金子和一比亚②银子铸造了一个小佛塔用于存放鬃发舍利，并与帕邦佛放在一块儿供奉。

第五次修撰或第五版：记载了从远古到琅勃拉邦王国曼塔杜腊王③统治时期的历史。曼塔杜腊王在位时，老挝分裂的三个王国都已沦为泰国的附庸国。第五版《昆布罗王》的编撰者是华攀孟奔，他于小历一二一八年（公历 1856 年）

① 老挝古式衡量单位，一钯＝十五克。
② 老挝古式衡量单位，一比亚＝三十七.五克或三十九克。
③ 在位时间大约为公历 1817—1836 年。

在勐佩赛(披赛)码头完成编撰工作。这一版的最后写道:

> 小历一二一八年,即丁亥年二月初二,华攀孟奔于勐
>
> 佩赛码头修撰此书,留书于世。

在这句话之后,还有一篇简要记事,记录了从小历一〇五七年(公历 1695 年)苏利亚翁萨王驾崩到小历一二〇九年(公历 1847 年)期间发生的事。小历一二〇九年,"泰国、老挝和阮①攻打勐普安②并将勐普安城主押送到曼谷"。

《昆布罗王》的五个版本中,最早的版本——帕摩诃帖

---

① 当时老挝人对清迈的称呼。兰纳王国的所在地,19 世纪末兰纳正式成为泰国的一部分。

② 旧译"芒普安",在被越南封建王朝统治时称为镇宁府,位于今老挝川圹省。

蛮等人修撰的第一版和帕阿利亚旺索修撰的第二版与其他版本相比，在对法昂王事迹的记录上存在较大差异，体现如下。

1.对法昂王子被放逐的记载：

澜沧大臣们推举雅①蛮翁继任王位。他有九个孩子，其中四位是公主。对于这九个孩子的事迹我不多赘述，仅讲述那个继承了雅蛮翁王位的孩子的故事。澜沧群臣请雅蛮翁的大王子雅坎浩（实际上是法耀）②接替王位。雅坎浩有四个孩子，其中两位是公主，两位是王子。最小的

---

① "雅"是老挝古时对有权势的人的称呼，多用作前缀。
② 括号内的内容为马哈西拉·维拉冯添加，他认为此处"雅坎浩"有误，应为"法耀"。

王子法昂一出生就长有三十三颗牙齿,朝廷大臣认为这是不祥之兆,会给国家带来劫难,因此,法昂被放到竹筏上放逐,随行的还有侍奉他的仆人。

2. 对法昂从高棉归来的记载:

法昂三岁时被放逐,漂流了一年后才抵达帕萨曼码头。高僧抚养了三年后,那空城国王①将法昂带走,又抚养了七年。至此,法昂十四岁,那空城国王便将自己的公主许配给法昂。两年后,那空城国王召集术士来占卜澜沧王国的星象和气运。术士们根据占卜的结果对法昂说道:

---

① 那空城指吴哥通,柬埔寨古都。

"您的父王母后已经去世,您的王叔登上了香栋香通①的王位。"于是那空城国王说:"本王将派一支军队护送他,并助他夺取政权,不知他能否登上香栋香通的王位。"术士们回道:"他不仅会打下香栋香通,还将攻下尤提雅阿瑜陀耶②、清迈勐平③、勐泐、勐肯、勐尊尼和帖河河岸到澜沧王国这一带地区。"

3. 对法昂来到琅勃拉邦的记载:

之后,法昂的军队继续乘船南下抵达南乌江江口。法

---

① 即今天老挝北部的琅勃拉邦,旧译"川铜"。
② 泰国中部的一个古国。
③ 位于今泰国北部。

昂的王叔,即法昂父王的弟弟昭法[①]坎浩,在法昂的父王去世后,继承王位。他有两个女儿,没有儿子。当得知法昂已乘船抵达南乌江江口后,由于害怕法昂会把他们赶尽杀绝,昭法坎浩便与自己的王后一同服毒自杀。

4. 对法昂攻打北部城镇的记载:

法昂王乘船抵达勐勒阿的华荷码头后,乔玛哈丽公主和齐琥的儿子即昭法坎浩的外孙乌隆,前往素昂廓坎码头拜见法昂王。乌隆说:"我是乔玛哈丽公主的儿子,而我的母亲是昭法坎浩的女儿,所以我与您同宗同族。"

[①] 古代老挝对太子或王子(通常指父母均为王族出身者)的称号。

在对其他内容的记载上,其他版本的《昆布罗王》也与第一版和第二版存在较大差异,尤其是华攀孟奔修撰的版本,举例如下。

1. 对披法及法昂王子被放逐的记载:

帕耶朗有一个王子名叫坎丰。帕耶朗在位时,不奉行正法,朝廷大臣便罢黜了这位国王,将他关在香撒南乌江江口的板蔻村,让坎丰继位,尊号"帕耶坎丰"。后来,帕耶坎丰的儿子出生了。要给这位小王子起名的时候,帕耶坎丰便命宫廷议事会大臣前去禀告帕耶朗。被派去的大臣对帕耶朗说:"国王让臣告知您,您的皇孙出生了。国王让臣来征求您的意见,应该给您的小皇孙起什么名字。"

当时,帕耶朗还在为自己被罢黜一事生气,所以,他闭口不言。宫廷议事会大臣离开之前,再一次询问帕耶朗:"殿下,您认为您的皇孙应该起什么名字好?"这时,帕耶朗才开口答道:"你们认为我不好,我也已离开朝廷。现在为何又来询问我的意见？我觉得披法①都斗不过你们。"听到他的这番话,使者明白他心里有气,便返回宫廷禀告帕耶坎丰说:"帕耶朗生气地回了一句'我觉得披法都斗不过你们'。"

帕耶坎丰听后,说道:"既然父王提了披法,那就定为披法吧。"自此,所有人都称小王子为"披法"。披法长大成人后育有六位王子,分别取名为法昂、法耀②、法燃、法盘、法甘和法侨。

---

① 老挝语指天神。
② 据老挝大部分史书,法昂是法耀的王子,此处按原文照译。

后来，因为披法与自己父王的妃子通奸，帕耶坎丰便将披法驱逐出境，不让他再踏足老挝的土地。因此，披法没能继承王位。关于披法和其子法昂被驱逐出境的故事，还会在后文详细叙述。

2.《昆布罗王之勐普安纪年》写道：

帕耶坎丰有一子，取名披法。披法有一子，名为法昂。披法与自己父王的妃子括穆偷情，帕耶坎丰得知后十分生气，下令要处死披法。臣子们阻止了帕耶坎丰，并让披法逃离王城，还让赫赛等人将披法和法昂一直护送到里皮瀑布①

---

① 位于老挝占巴塞省南部。据老挝政府网介绍，所谓"里皮瀑布"指老挝孔帕坪瀑布（又称"孔恩瀑布"）以南到柬埔寨边境的所有瀑布。

以外的地方。

3. 对法昂返回王都的记载：

　　法昂乘坐大象森楠阔，闷①楠乘坐大象戴彭森，两人取道勐素艾，并乘船沿着南康江顺流而下。而披法则由潘攀太公护送，取道南乌江和南色昂江前往香栋香通。帕耶坎丰在得知披法父子将回来夺城的消息后，多次下令军队在登勐处迎击，然而都无法战胜法昂的军队。法昂一直追击帕耶坎丰到勐斯瓦②。帕耶坎丰自知不妙，便在浴室里上吊自杀了。大臣们得知消息后，便去禀告法昂，并恭请

---

① 澜沧王国六级爵位之一。
② 即香栋香通。

法昂到香通继承其祖父的王位。当时,取道北路的披法尚

未抵达香通,法昂便命人在南色昂江索散处将其杀害。

《昆布罗王》华攀孟奔本和勐普安纪年本写道:法昂被

放逐的原因是昆①披法与其父王的妃子偷情,因此在从高棉

返回王都的路上,法昂暗杀了披法。这段内容完全不合情

理,但以前法国编写的供老挝学生学习使用的老挝编年史,

或是由其他作者编写的老挝史,似乎都沿用了华攀孟奔本

的这种说法,因此,在内容上与笔者此次编撰的版本存在较

大的差异。笔者致力于将所有版本的《昆布罗王》原原本本

地印刷出来,主要出于两个目的:

---

① 古代用作君主和王族的称号,也是贵族爵位之一。

1.希望能够将古籍和古人所说的话记录留存,供后人阅读。

2.希望能够为史书撰写者提供进行史实研究、对比的材料,以内容正确的版本为准。现在各位读者正在阅读的这一版本,是由帕摩诃帖銮编写的最古老的版本。其他版本将另行印刷出版。

希望这本《昆布罗王》的印刷出版能在未来推动老挝历史的研究。

马哈西拉·维拉冯

开　篇

礼敬薄伽梵、阿罗汉和三藐三佛陀

（Namo tassa Bhagavato Arahato Sammāsamb-

huddhassa）①。Namo，意为礼敬；Me，意为我

---

① 原文为老挝语字母书写的巴利文礼敬偈，意即归敬佛陀。后文作者用老挝语解释偈颂中出现的巴利语词。

的；Atthu，意为拥有；Tassa，意为彼；Bhagavato[①]，意为仪表堂堂、无人可比之人；Arahato[②]，意为远离烦恼和欲望之人；Sammāsambhuddhassa[③]，意为靠自己完全觉悟之人；Aham，意为我；Namassitva，意为礼敬。我向佛法僧三宝念诵偈陀"Sisi Anjari Paname Taya Ratananguna Namobudayaloko pakarana Sambuddan[④]"，我皈依三宝，愿波罗蜜[⑤]护佑我免受死亡和一切病痛侵袭，愿能摆脱一切疾病、障碍与不幸。通过誊写经

① 多译为"世尊"，佛陀十号之一，音译为"薄伽梵、婆伽婆、婆加伴"等。
② 音译为"阿罗汉"等，佛陀十号之一，意即"离烦恼"。
③ 音译为"三藐三佛陀"，意即"正遍知"，意译作"正遍知、正等觉、正等觉者"，佛陀十号之一。
④ 原文为老挝语字母书写的巴利文偈陀，大意为我双手合十向众生皈依的三宝致敬，为佛陀写下这部作品。
⑤ 佛教用语，意译为"到彼岸、度"等。

藏,愿它能与佛教一起长存五千年。通过阅读这个文本,人类和天神未来能够膜拜和信奉三宝。

听着,诸位追求三乐和实现解脱的善士,敬请倾耳聆听此法。诸位在献上放着米花①、鲜花、香烛、槟榔、蒌叶、香蕉和甘蔗等供品的托盘后,请认真倾听接下来所讲述的内容,因为这些都是卓越非凡之人和受持五戒八戒之人的历史②。

诸位善士,接下来先讲讲昆布罗大帝③的故事。昆布罗的父王就是天法肯神,即因陀罗神④,因为壮傣语支语言中

① 多为用糯米爆的米花,被老挝人视为吉祥之物。
② 从这一段推测,该文本可能是用于在寺庙中或在仪式中进行说教的文本,语言具有该类型文本的特点。在古代老挝,新王登基、高级官员授爵等仪式中,常邀请高僧以讲道的形式讲述老挝历史。
③ 昆布罗被老挝人视为自己的开国始祖。
④ 印度神话中的天神之王,能随意变形,也是佛教的护法神,即帝释天。

的天法肯①等同于巴利语的 Pita②。而天登神③，人们都说就是毗湿奴神④。天控神、天登神、天桑神和天特阿神⑤都长着长耳朵。上述提到的四位天神都居住在四天王天⑥，他们创造大地、动物以及人类。创造出来的人类既有善行，也有恶行。实际上，人们所说的披法披天⑦，确切来说，指的是因陀罗神。这四位天神，负责监督人类的善行与恶行。女神托腊妮，负责守护用于记载人类功德之圣水。女神蔑咔拉，负

---

① "天"意为天、天神，"法"意为天，"肯"是这位天神的名字。
② 意为父亲。
③ "登"意为创造。
④ 印度教三大主神之一。
⑤ 原文仅列出天控神、天桑神和天特阿神三位天神，核查后文之后补译出第四位天神的名字。
⑥ 佛教用语。六欲天之一，指四天王及其眷属的住处。
⑦ Phi Fa Phi Thaen，意为鬼神。老挝民族最早信仰万物有灵的原始宗教。

责监督国王、贵族、臣子和平民的善行与恶行。人们所说的披瑟阿勐①，其实并不存在，实际上就是蔑咔拉女神。所有人，无论是施行善举还是作恶，蔑咔拉女神都会一一禀报四位天神，由他们对作恶之人实施处罚。

诸位善士，敬请认真倾听贤劫中发生的故事。当时，婆提萨降生为萨满达婆罗门，成为众神之首，亲自下凡测量整个宇宙的长度和宽度。南赡部洲②方圆一万由延③，后来诸天神来到此地划定地界，建立十六大国，以宝石柱、金柱和银柱为界；又建立十五小国，以银柱、金柱和石柱为界。后

---

① 意为护城神，即城邑或国家的保护神。
② 佛教名词。四大部洲之一。佛教传说此洲盛产赡部树，位于须弥山之南咸海里，故名。南赡部洲即人类生活的地方。
③ 老挝古式长度单位，一由延＝十六公里。

来,达巴腊蔑苏安天神、帕那莱天神、玛诺西缇天神和谢腊西缇天神被委任守护一个城镇的东方、西方、北方和南方,谢腊西缇天神还负责教授学问和技艺。这个城镇被命名为塔克西拉①。当时,身为萨满达婆罗门的乔达摩负责守护城中央。五位佛陀之一的帕弥底耶佛②将成为此劫中最后出世的佛陀。此后,在众神划界确立的国家中还诞生了多位君主、贵族以及百姓,他们在这里繁衍生息。这些国家的君主都受持五戒八戒,奉行君王十规③,因此,这时的世界一片祥和。拘留孙佛④灭度涅槃后,南赡部洲陷入昏暗漆黑,持

---

① 该城命名可能取自呾叉始罗——西北印度的古代都市。
② 即弥勒佛,现在贤劫千佛的第五佛。
③ 后文有对君王十规的介绍。
④ 佛名号,为过去七佛中的第四佛,现在贤劫千佛的第一佛。

续了许久。后来,被老挝原住民称为披法披天的因陀罗神、毗湿奴神、四尊天神、托腊妮女神和蒗咔拉女神通过化生①的方式下凡成为君王,他们严守乐善好施和持戒等君王十规。后来,拘那含②得道成佛,他灭度涅槃后,南赡部洲又随之陷入黯淡。因陀罗神和诸天神便请天界的众天神下凡成为君主。至此,国家再次实现安定。之后,迦叶波③成佛后涅槃,后来很长的一段时间里,饿鬼④夜叉⑤来袭,他们四处

---

① 佛教语。佛教谓六道众生有四种形态,即四生:卵生、胎生、湿生和化生。化生指无所依托,借业力而出现者,如诸神、饿鬼及地狱中的受苦者。

② 佛名号,为过去七佛中的第五佛,现在贤劫千佛中的第二佛。

③ 佛名号,为过去七佛中的第六佛,现在贤劫千佛中的第三佛。

④ 巴利文为 peta,音译为"薛荔多、闭多"等,佛教六趣之一。佛教又列为四天王率领的八部鬼众之一。

⑤ 巴利文为 yakkha,音译为"亚卡"。佛经说它是一种吃人的恶鬼,但有时也被列为拥护佛教的天龙八部之一。

作恶,横行南赡部洲。人类与饿鬼、夜叉相互拼杀,发生了激烈的战斗。之后,乔达摩①诞生,修习苦行六年后才得以成佛,然而他未曾云游到十六国讲经说法,也未曾来到我们这里弘扬佛法。

接下来讲讲澜沧城的港熙女王、披瑟阿、萨勒格、萨孔法太公、切亥、披西太公、披赛太姥、生活在象山的娘厄阿以及生活在素昂鲁昂山的帕耶乌勒安的故事②。娘厄阿与帕耶乌勒安二人是一对夫妻,他们生育了两个女儿,名叫巴光瑚丽③和楠塔帖薇④,他们家族共同统治着澜沧城。后来,一

---

① 佛名号,为过去七佛中的第七佛,现在贤劫千佛中的第四佛。
② 原文仅列举了这些人名,并未逐一详细叙述他们的事迹。
③ 意为有着宽嘴巴和长耳朵的女子。
④ 意为快乐的公主。

对仙人兄弟来到此地立桩划界:他们在东边放置了一根金柱,在较低的地面放置了一根银柱,在这两根柱子之间放置了一根木柱,每根柱子深达十六腕尺①。第一根柱子命名为原始柱,原本命名为腊曼②,而位于城中央的柱子则命名为太坎塔。在城南即索荷溪流河口的北岸也放置了一根柱子。此外,这对仙人兄弟还在一棵刺桐树所在的地方放置了宝石柱、金柱和银柱。这棵树开出的花名叫班达甘昂花③,它与红刺桐一样每个月都开花。这棵树树干粗大,需十七人才能合抱,且高达一百一十七庹④。之后,他们用

---

① 老挝古长度单位,通常指从肘部到中指端的长度,一腕尺=半米。
② 意为安全柱。
③ 意为盛开得很美的花。
④ 老挝古长度单位,一庹=四腕尺=二米。

这棵树下一块名为"贡盖法"①的石碑标记了未来国王宫殿所在之地。

这时,两位仙人兄弟从阿诺玛达池取来池水,浇灌分布在四个地方的柱子,并将剩余的水放在被人们称为南汀洞②的地方。洞里的水还将用于未来国王的加冕灌顶礼。之后,两位仙人兄弟放置了一根金柱,上面刻有香通城的天宫图。这张天宫图展示了香通城的运势,图上的行星排列顺序为:1,2,3,4,5,6,7,8,9,图中显示澜沧城的上升星座位于狮子宫。黎明时分,澜沧城的上升星座运行到巨蟹宫。后来,两位仙人兄弟来到湄公河与南康河交汇处的一块石头

①意为通往天界的石头。

②意为水永不干涸的洞。

附近,并在此召唤出十五头那伽①。这十五头那伽分别居住在素昂山②的山洞里、象山上、南色昂江的湍急处、南色昂江江口、南乌江江口的航勐山峭壁上、奥艾帕塔努湍急的水道上、瑟阿山峭壁上、宗佩山峭壁南边的刁山峭壁上、荷阿山上、刺桐树上、达柯山峭壁上、宕乃山峭壁上、快符岛附近湄公河河道的湍急处和索荷溪流河口处。其中,居住在瑟阿山峭壁上的那伽岁数较大。此外,生活在索荷溪流河口处的那伽是负责管理南部城镇和水系的神,而生活在瑟阿山峭壁上的那伽则是分管北部城镇和水系的神。听到召唤,

---

① 印度神话中的那伽龙。下文只列出了十四头龙的出处,译者核对了 1967 年和 1994 年出版的《昆布罗王》,都是如此叙述。译者猜测可能是转写过程出现的错误,但目前无相关材料印证,只得按原文译出。

② 即今琅勃拉邦普西山。

十五头那伽现身后化身为君主、贵族臣子和军人,而两位仙人兄弟则走向那棵大刺桐树,坐在树下的贡盖法石上对这些那伽进行教导:"诸位龙王,这里是国王的宫殿所在地。敬请各位共同守护天下的每一寸土地,包括土地沙石、大江小溪乃至南北山川河流。敬请各位守护好香栋香通,每四个月在此地聚集一次。居住在面朝溪水之处的那伽龙王,来聚会时请先前往圹山石和易雅石处休憩;居住在湄公河的那伽龙王,来时请在刁山石和荷阿山水潭处休憩等候。"以上是两位仙人兄弟对所有那伽龙王的训谕。之后,两位仙人兄弟还唤来诸天神,要求他们保护所有城镇、大地和山川。其中有两位天神,他们是披西太公和披赛太姥,居住在素昂鲁昂山和象襄山(或小象山)一带。这两位天神是一对夫妻,两位仙人兄弟命他们二人守护东方。还有两位天神,名叫玖奥（或玖傲）和陶①奔勒阿，他们也是一对夫妻，居住在仙考坎山。仙人兄弟命他们二人守护城镇的北方。而名为昭法榭的天神与天控神的孩子披瑾列卡女神，仙人兄弟命他们二人守护南方。这两位天神结为夫妻以后，受命守护城镇的北方和整个城镇②。"如果有人想要成为这香栋香通的国王，应献上摆放着米花和鲜花的托盘以及装着甜品荤食的器皿，祭祀朝拜两位仙人兄弟以及这些天神"——这是两位仙人兄弟留下的训谕。此后，其他仙人都前往划定的地方立国建城，而这对仙人兄弟，哥哥名为腊熙通，弟弟

---

① 前缀，用于男性名字之前。
② 前文提到玖奥和陶奔勒阿两夫妻受命守护城镇的北方，经核对1967年和1994年出版的《昆布罗王》，都是如此叙述。猜测可能是转写过程出现的错误，但目前无相关材料印证，只得按原文译出。

名为特瓦塔腊熙昭，他们打算为这个城镇起名字。由于城镇的南部以象山为界，北部则以象襄山为界，综合以上两个地名，他们将这个城镇命名为澜沧勐斯瓦。后来，哥哥腊熙通让弟弟在此地护法，自己则进入禅定，飞升忉利天①。他来到因陀罗神的议事殿，禀告包括立桩划界在内的一切事情，并提议应寻找一位奉行君王十规的君主下凡统治。他说道："下凡的君主应做到乐善好施，恪守五戒八戒，听布道说法和潜心修行，有慈悲之心，不欺压奴隶平民和少数民族，不破坏古代流传下来的皇家制度，不改变或破坏祖辈建立起来的规矩。如果他不奉行君王十规，将会为国家带来覆灭之灾。我身为因陀罗神的下属，将去寻找一位英明的

---

① 佛教用语。六欲天之一。

君主下凡统治,让普天大众能够因为有这样的君主而过上幸福的日子。因陀罗神哪,您是诸天神最伟大的首领。任何君主,若有四邪行,即欲邪行、瞋邪行、痴邪行、怖邪行,将无法辨别大恶与小恶,沉迷于事欲和爱欲,有人进言却对其辱骂并让他远离自己;审议案件时,依据个人好恶以及对方的容貌、身世和所拥有的财富进行裁判,将重罪认定为轻罪,将轻罪认定为重罪,甚至因此而感到高兴;由于害怕作出错误的裁断,依据他人递来的眼色①,将无罪之人认定为有罪,将有罪之人认定为犯下重罪,如此行事,未来业报将降临在他的身上。除此以外,这样的君主还会在错误的时节征收税赋,不遵循古制,将工作交给行贿之人;由于腐败,有罪之

---

① 直译为"仅依据他人的挤眉弄眼"。

人却能获益,而应获益之人却被认定为有罪。如此一来,国家不太平,人民不幸福,覆灭将不远矣。如此这般治理国家的君王和大臣、贵族,死后将堕入地狱。这些失道君王、大臣的父母和亲戚也将受到牵连,他们因而将一直生活在恐惧之中,无法过上安稳的日子,只能终日以泪洗面。因陀罗神呀,您是众神之首,您指派下凡统治的君王和大臣,都应该是善士,具备以下品德:①无瞋(akkodhaṁ),即不生气、不厌恶和不沮丧;②无害(avihiṁsañ),即不违背国法欺压人民;③正直(ajjavaṁ),即诚实并注重积德造福;④温和(maddavaṁ),即温柔、不易动怒且有慈悲心;⑤忍耐(khantin),即愿意容忍并原谅他人的辱骂;⑥遍施(pariccāgaṁ),即有慷慨之心、乐善好施;⑦惭愧(hiriotapaṁ),即言行一致,在通晓佛法之人面前保持谦逊;⑧无违(avirodhanaṁ),即遵守国法;⑨持戒(sīlaṁ)和布施(dānaṁ),即经常布施行善,心地宽厚并经常积德。如能做到这些,他们来世将能够在兜率天①重生。"

之后,身为哥哥的腊熙通让弟弟在此地守护,自己则进入禅定,飞升忉利天,将立桩标界等事情禀报因陀罗神,请求因陀罗神指派奉行正道、谋求众生幸福的君主下凡治理国家②,并与因陀罗神商议,让四位天神降临南赡部洲,实施统治。后来佛陀在人世降生并得道成佛,他曾云游到十六大国布道说法,然而他未能来到十五小国讲经说法,原因是当时十五小国中没有君主统治。昭腊熙③与因陀罗神商议完毕,便与之道别。之后,因陀罗神召集四位天神和毗湿奴神

---

① 佛教欲界六天之第四天。
② 此处与前文所述重复,按原文照译。
③ 指腊熙通。

到议事殿商议,而腊熙通则离开忉利天,返回人间,将发生的所有事情,包括与因陀罗神商议一事逐一告知自己的弟弟。也就是在这一天,这两位仙人兄弟返回自己的住处。

昆布罗下凡建立勐天

（奠边府）

听着，诸位聪慧的善士，接下来将讲述天神①命昆布罗降生到古代老挝的故事。天神让昆布罗降生在古代老挝，成为此地国王，据老挝原住民的说法，是因为天法肯神其实就是有着长耳朵且打了耳洞的因陀罗神，他是昆布罗的父

---

① 指因陀罗神。

王。无论是雨神、风神还是乐器神、农具神和创世神,他们都居住在四天王天。这些天神都卓越非凡,古代老挝人民称呼他们为披法披天,实际上是不太确切的,只是我们现在还沿用旧说罢了。当时,天法肯神将腊熙通禀告的内容转述给诸天神,并问道:"应该让何人下凡成为这凡间的君主?"诸天神回答道:"先让天桑①神衡量一番。诸天神的孩子中,无论是男是女,只要福德深厚,即可让其下凡成为香栋香通的国王。若某人福德浅薄,却让其担任要职,则万万不可。"所有天神都这么认为。天法肯神说:"昭腊熙告诉我,凡间有一棵大刺桐树,树下是因陀罗神的甘彭西拉阿萨那宝座。澜沧勐斯瓦是一座十分重要的城市,有着丰富的金、

---

① "桑"在老挝语中有衡量的含义。

银、铁、铜和森林资源，还盛产香叶。此外，这片土地上还有七种宝物。因此，让福分浅薄之人下凡成为这个地方的统治者是不可行的。"于是，诸天神都来衡量、审视天界中众男女天神的福分情况。最后，天法肯的儿子以及天桑神和天登神的女儿三人被认为福分深厚而中选。这三位天神站在众神当中，天法肯神对他们说道："你们三人听着，待你们结为夫妻后，就下到凡间去实施统治吧。"天登神的女儿名为雍玛帕腊，将成为右皇后，天桑神的女儿名为诶恰昂，将成为左皇后，而她们二人的丈夫名为昆布罗拉萨提腊①，他获得了君王登基仪式上使用的象征国王权力的五样宝器。此外，他还获得了湄威剑、航贡刀、梵辽剑、赛法蔑②剑、烈巩珂彭

---

① "拉萨提腊"意为大帝、皇帝。
② "赛法蔑"意为闪电。

阿剑、三把长枪、三叉戟、金排锣、银排锣、法峰刀、雷霆刀、胜利鼓、大铓锣、小铓锣、吹起来震天响的法螺、颂莱玉笛、用于盛放槟榔的金碗和银碗、坛坛罐罐、金水瓢和银水瓢、银质器皿和玻璃器皿等多种物件。除此以外,他还获得一个放在象头上的名叫吉雅潘莱的物品。下凡的队伍中,有人撑着旌旗,旌旗在风中飘扬。随行还有六百名仕女,天神让她们成排就座。此外,天法肯神还命人将所有的大象和骏马带到他跟前,因为他要从中挑选出最好的一头大象和一匹骏马赠送给昆布罗。被挑选出来的大象名叫雅乔雅葛①,是蔼拉万神象②的孩子,通体雪白,眼珠黑亮,双唇也呈黑色,像是画上去似的,象牙白得如乳石英一般;而被挑选

① 意为象牙交叉。
② 即因陀罗神的坐骑蔼罗筏孥。

出来的骏马则是极好的彭侯品种。之后，天法肯神唤来众
神的孩子。他下令让昆坦玛腊以及通晓吠陀的昆弦玛诺散
站在昆布罗下凡队伍的前列；昆温和昆克里骑马跟随在昆
布罗的大象后边；惹太公和央太姥夫妻俩背着斧头先行下
凡；莱太公和莫太姥夫妻俩背着砍刀和锄头，尾随惹太公和
央太姥夫妇下凡。惹太公、央太姥、莱太公和莫太姥四人将
在昆布罗下凡之前，把那些阻拦昆布罗下凡入城的饿鬼夜
叉、魑魅魍魉和恶棍坏人清除掉。天法肯神还让昆夸骑阴
角水牛，让澜丞骑广角黄牛，弓着身子跟在昆布罗之后。这
二人是昆布罗的大臣。而昆布罗则乘坐雅乔雅葛大象，身
上别着湄威剑，肩挎箭筒，带着天法肯神赠送的加冕礼器下
凡。他让雍玛帕腊和诶恪昂两位皇后与自己同乘一头大
象，让昆散坐在大象尾部，挥舞大旌旗。昆布罗下凡的那一

天,根据天干的叫法为甲日,根据地支的叫法为子日,合起来为甲子日。他下凡的那天是个日曜日[1],老挝人认为日曜日是万神[2]的代表,而月曜日[3]则是万皇后,也就是万神妻子的代表。此后,天法肯神让天席神[4]为昆布罗指明前去立国建城的地点,天席神说:"你先到那诺欧奴[5]立国。"他还说:"待一切安定下来以后,你和你的皇后将会生育七位王子,届时就让你的大王子去统治刺桐树所在的地方,也就是仙人兄弟用贡盖法石标记的那个地方。"除此之外,天席神还

---

[1] 即星期日。

[2] "万"意为天、日。老挝人认为日曜日是最重要的一天,认为日曜日是众日子之神。

[3] 即星期一。

[4] "席"在老挝语中有指、指向、指出等含义。

[5] 据马哈·西拉维拉冯的《老挝史:从古代到1946年》,此地位于今越南奠边府。

指出了勐阮①、勐尤提雅韶岱②、勐普安、勐萨③等七个地方。之后，天法肯神让太阳、月亮、火星、水星、金星、土星和罗睺星进入室女宫，并让昆布罗敲响锣鼓，提醒下凡队伍做好出发准备。然后昆布罗吹响法螺，让惹太公和莱太公先行开道，接着，自己在黎明时分率领队伍下凡前往那诺欧奴。之后，天登神依照此前仙人兄弟雕刻的天宫图，将上升星座放置于狮子宫。当时大地上还没有人类生活，直到昆布罗来到此地立国建城后，才有了人烟。之后，天登神，也就是毗湿奴神，来到这里创造万物。他创造了宫室殿堂、乐器以及其他器物，并通过祈愿的方式让树和石头上生起了火，让人

---

① 旧译"庸那迦"，即今泰国清迈。
② 即阿瑜陀耶。
③ 位于老挝甘蒙省。

世间出现了一个热水潭和一处风口。他对世上的神仙下达命令:诸天神,无论是住在大地上、树上、山上的,还是住在水中的,都来保护昆布罗以及跟随昆布罗下凡的天神们。天登神在嘱咐完昆布罗之后,便返回天庭,前去汇报自己所做的事情。此后两年,昆布罗的皇后雍玛帕腊诞下一子,取名昆洛,皇后诶恪昂诞下一子,取名昆澜;之后皇后雍玛帕腊又诞下一子,取名祝颂①,皇后诶恪昂也诞下一子,取名昆坎普昂。再后来,皇后雍玛帕腊诞下一子,取名昆斑②,皇后诶恪昂诞下一子,取名昆切壮。最后,皇后雍玛帕腊诞下一子,取名昆切蒋。昆布罗下凡建国九年间,共养育了七个子

---

① "祝"(古语),意为主、领主,与"昆"一样用作君主、王族的称号。"祝颂"与后文提到的"昆颂"为同一人。

② 推测与后文提到的被派去统治勐腊沃尤提雅的"昆因"为同一个人,此处照原文译出。

嗣。此前这片土地上没有奴隶和平民，没有大臣，也没有大象和马匹，所有这些都是昆布罗从天庭带到凡间的。

昆布罗王与皇后雍玛帕腊、诶恪昂在凡间的日子过得很苦，因此他们命昆散、惹太公和央太姥返回天庭向天法肯神禀报凡间所发生的事情。昆布罗王对他们说道："要禀报的事情有二：一是生长在库瓦湖的缠结龙脑香生长过度，遮天蔽日；二是长有两个大葫芦的藤蔓与湖口的藤蔓缠绕在一起，导致凡间更加昏暗，它们甚至挡住了天空和雨水，令人间十分寒冷，不适于生存，我们该如何是好？你们三人前去将这些事转告天法肯神。"之后这三人便按照昆布罗王的指示返回天庭。抵达天庭后，他们去觐见天法肯神，并依照昆布罗王的嘱咐将凡间的情况如实汇报。天法肯神说道："你们禀报的事情我已知晓，只是你们在凡间立国建城还不到十年,现在却要砍伐大树,不太合适。我将派天神下凡协助处理。惹太公和央太姥,你们二人去将缠结龙脑香砍下,让莱太公和莫太姥二人去将与葫芦藤缠绕在一起的藤蔓砍下。凿神去将个头儿较大的葫芦凿穿,届时男男女女、公象母象、公马母马以及金银珠宝、绫罗绸缎、檀香木等物品将会从里面出来。钻神去把个头儿小些的葫芦刺穿,届时男男女女和水牛、黄牛、山羊、羚羊、猪、狗、鸡、鸭等各种动物以及会长出酸甜果实的树木、酸水、咸水、椰子树、糖棕树、香蕉树、甘蔗、辣椒、姜、香料、大葱、洋葱和水果等东西会从小一点儿的葫芦里出来。"安排完后,天法肯神让天特阿神打开金门、银门、铜门和铁门四道门,让上述天神下凡去协助昆布罗王解决问题。下凡后,凿神便去凿开稍大的葫芦,而钻神则去将较小的葫芦刺穿。这时,男男女女、大象、马、水牛和黄牛都从这两个葫芦里流了出来。从这两个葫芦里出来的人类因而被称为"古代老挝人"①。之后，凿神和钻神对惹太公和莱太公说道："待我们②回到天庭后，你们就去砍下缠结龙脑香和藤蔓，并劈开葫芦。你们不要到天庭找我们，我们也不会去找你们。你们四人死后，让凡间的人类升旗悼念你们。我们已经嘱咐过昆布罗，凡间的人类进食前，他们会说'来吧'，你们四人即可先于他们享用食物。"两位天神嘱咐完便飞升返回天庭，向天法肯神汇报。而惹太公四人则去砍下缠结龙脑香和藤蔓，并将库瓦湖边的葫芦劈成两半。被劈成两半的葫芦就变成了石头。从此，昆布罗王在那诺欧奴的统治区域呈现出一片繁荣的景象。后

---

① 指老挝原住民。
② 原文误写为"你们"，应为"我们"，所以按"我们"译出。

来，惹太公、莱太公、央太姥和莫太姥都去世了，他们变成了此地的守护神。昆布罗王命人耕种土地，并给那些跟随自己下凡的天神封土授爵。其中，昆西利坦玛腊萨①被封为森蒙②，辅佐昆布罗王管理天下百姓；昆弦③被封为闷銮冈勐，负责管理百姓；昆叁被封为右官员，负责制造战斗武器和工作所需物件；昆披被封为左官员，负责管理战斗武器和工作所需物件。而下凡时坐在昆布罗后头的昆散被封为宫廷前殿腊萨瓦，负责一切审讯工作；昆因则被封为宫廷后殿腊萨瓦，与昆散共同管理审讯工作。昆散和昆因二人辅助昆布罗王进行公正的判决，而担任森蒙的昆西利坦玛腊萨则负

---

① 与前文提到的昆坦玛腊应为同一个人。
② 相当于丞相，权力和地位仅次于国王，后期被副王取代。
③ 与前文提到的昆弦玛诺散应为同一个人。

责处理一切事务，为昆布罗王分忧，他们成了文武百官之首。再后来，昆布罗王下令，让人从那些由较大的葫芦里出来的女性中挑选出七位美丽的女子成为自己的儿媳，同时将臣子和百姓分封给七位王子。他还将缠结龙脑香和藤蔓做成三叉戟分给了自己的七个孩子，每位王子都分得三把三叉戟。一天，与昆布罗王一同下凡的大象雅乔雅葛死了，昆布罗王命人将它的牙锯成七段，分给七位王子。此外，他还将天法肯神送给自己带到凡间的长枪、剑、玻璃器皿和戒指都分给了七个孩子。在一个黄道吉日，昆布罗王依照天法肯神让他在凡间施行的礼制，召集七位王子来到自己与众臣子的面前，为他们举行灌顶礼。昆布罗王先是往一个大金盆中注入水，让七位王子和他们的妻子将自己的手放到金盆中，之后为他们念诵祝福语，并对他们说："你们去统治天席神在天界时指出的那些地方吧。谨记本王现在所说的话：你们去统治封地，应爱护平民百姓和奴隶，不要动怒，不要心怀怨恨，不可喜怒无常，不可经常指责他人，不要随意杀伐。做任何事情都要仔细斟酌后才能行动。无论女性做错何事，都不可伤害其性命。天法肯神在天界时曾教导本王，不可杀害女性，因为自混沌初开以来，女性就是人类的根本。而杀害女性的帕耶，他的统治将无法持久，他的封地必将面临灭亡。这些都是天法肯神对本王的教诲。你们去统治封地，要遵循本王所说的话，这样你们的福德将十分深厚，就能获得更大的领地。莫要骑象或使用长枪相互抢夺田地，哥哥的领地归哥哥，弟弟的领地归弟弟，由自己的子嗣亲祧继承，世代相传。你们相互之间应勤于联系。如果在自己的封地里获得了奇珍异宝，应相互共享。谁能遵循本王的嘱咐，他的统治大业就能延续千秋万世。谁不遵循本王的训诫，他的统治将不会长久。"之后，昆布罗王对七个儿子的王妃嘱咐道："你们应晚于丈夫入睡，早于丈夫起床，要替丈夫分忧，尽自己所能帮他处理事务，把纺纱织衣、管理仆人子民以及农作等事情放在心上，准备好餐食，打理好园子。要谨记，屋内之火不可带到屋外，屋外之火不可带入屋内①。无论何人辱骂、为难自己，都应该先斟酌一番，认为应当告知丈夫的才让他知晓，不应该说的闭口不言，而是自行解决。此外，应该找几位博闻强识的女子与自己同住，无论是两位、三位还是四位都好，做任何事之前，先听听她们的意见，经斟酌衡量后认定是正确的再去做。本王的七

---

① 意为自家家事不可外扬，他人家事不可带进自家。

位儿媳妇,即使是他人强迫,你们也不要在宫里杀生。就算是奴隶,也不可与他人密谋或者强迫他人害其性命。不要偷窃自己丈夫或他人的物品。无论是白天还是晚上,都不要找情人,也不可迷恋他人。不可胡乱说话,无中生有。不要过量饮酒和用药成瘾,这些会导致失财和失智。到了耕作时节,要提醒人民去农耕。举办文娱活动,要让人们玩得尽兴。在恰当的时机提醒人们一起行善积福,因为全知者①成佛后,尚未云游到大国布道,也没有来到我们这里弘扬佛法。本王现在所说的话与当初天法肯神在天界对本王的嘱咐是一致的。"语毕,昆布罗王让他们将手从金盆里取出,让大臣们为他们进行灌顶礼以及拴线祝福仪式。等昆布罗王

---

① 巴利语为 sabbaññū,佛陀的称号。

与皇后雍玛帕腊、诶恪昂以及众臣到齐，昆布罗王命人在一
把玉剑和一把金剑上刻上昆洛的名字，让昆洛去统治澜沧
勐斯瓦，即昭腊熙立桩划定的香栋香通；命人在一把金剑上
刻上昆澜的名字，让昆澜去统治勐和瓮；命人在一把金剑上
刻上昆颂的名字，让昆颂去统治勐朱腊尼彭坦腊；命人在一
把金剑上刻上昆坎普昂的名字，让他去统治勐衰甘尤诺腊
萨拉彭清迈；命人在一把金剑上刻上昆因的名字，让昆因去
统治勐腊沃尤提雅；命人在一把金剑上刻上昆切壮的名字，
让昆切壮去统治东勐普安；命人在一把金剑上刻上昆切蒋
的名字，让他去统治勐木安。

　　昆布罗王依据当初天法肯神、天席神和天登神的指示，
派自己的孩子前去统辖七地，并再次嘱咐道："如果你们想
要拥有不凡的气度，应恪守五戒八戒，这会带来智慧，让你

们能够达到本王这般的境界。你们在自己的领地上实施统治,应将所积累的财富分成七份:其一,留存一部分放入国库;其二,一部分用于本王的食宿;其三,分一部分给自己的妻儿以及服侍自己的仆人;其四,分一部分给僧人,即使没有,也要拿出一部分用于供奉两位仙人兄弟和行善之人;其五,分一部分给协助自己处理事务的臣子;其六,分一部分给前来朝拜的客人,若是他们带了礼物前来,则应双倍回赠;其七,分一部分给乞者、失聪失明之人和穷困之人。以上这些是你们的爷爷,也就是本王的父王天法肯神留给本王的训谕。"以上是昆布罗王教导儿子和儿媳的内容。

昆洛建立勐斯瓦

（琅勃拉邦）

昆布罗下凡立国建城二十五年后，昆洛已长至二十三岁。他前往香栋香通，要在这里建立澜沧勐斯瓦，这就是当初仙人兄弟用贡盖法石标记并放置了金柱和银柱的地方。当时，卡敢航①统治此地，昆洛便率军与其交战，将他赶到牢

---

① 可能是老挝原住民的首领，泰国学者集·蒲米萨认为，卡敢航及其后代可能是南塔省和琅勃拉邦省一带的克木人及其支系。

山咔山①一带,他的族人渐渐发展演变成现在的老伔族。这是卡敢航的故事。

此外,在这一带还居住着另一个家族。这个家族的母亲名叫港熙披瑟阿,她与一名男子成亲后生下两个儿子,大儿子名昆珂,小儿子名昆坎。这个家族企图成为香栋香通之主,但他们的福分不够,所以只能在香乌阿即今天的坑木阿建立统治,香乌阿成了他们的家园。昆洛来到香栋香通后派兵攻打港熙披瑟阿的家族,这个家族率兵来到太坎迎击。双方发生激烈交战,最后昆洛取胜,在香乌阿抓住了昆珂、昆坎以及他们的孩子,在敦兴岛将他们淹死,而昆坎的后人则四处逃散,躲了起来。之后,昆洛回到香栋香通,众

---

① 可能在南塔省一带。

人为他举行灌顶加冕仪式，并在昭腊熙用贡盖法石标记的那个地方建造宫殿。建成以后，众人请昆洛登上金银御座，昆洛从此成为这富饶的万头那伽之首所在的王都之主。古人认为从欧昂闷銮到索荷溪河口为那伽之尾，南康河河口到湄公河北段为那伽之首，即香栋香通所在的位置，因而香栋香通也被取名为"那伽之首所在的王都"。而取名为澜沧国①的原因，则是此地北部以小象山为界。昭腊熙曾在那块用于标记香栋香通位置的贡盖法石上写下这些文字："任何人，若想成为此地之主，应恪守五戒八戒，因为佛陀在未来将会来到此地弘扬佛法。未来成为此地之主的人，应每日行善，不可中断。待佛教传入此地后，则更应虔诚供养和信

---

① "沧"意为大象。

昆布罗王

奉佛、法、僧三宝。"后来,澜沧王国经历了六代国王的更替。在又经历了七代国王的更迭之后,澜沧大臣们推举雅銮翁继承王位。他有九个孩子,其中四位是公主。对于这九个孩子的事迹我不再赘述,仅讲述那个继承了雅銮翁王位的孩子的故事。

法昂被驱逐出王城

澜沧群臣请雅銮翁的大王子法耀①接替王位。法耀有四个孩子,其中两位是公主,两位是王子。最小的王子法昂一出生就长有三十三颗牙齿,大臣们认为这是不祥之兆,会

① 原文写的是"雅坎浩",本书编者在"关于《昆布罗王》一书的出版说明"这一章节中用括号注释此处有误,应为"法耀",后文也提到昭法坎浩是法昂的王叔,即法昂父王的弟弟,这一章节中的坎浩都改为法耀译出。

为国家带来劫难。因此，法昂被放到竹筏上放逐，随行的还有侍奉他的仆人。侍奉他的仆人中有巴①昆、巴晋、巴博、巴贤、巴吉柯和巴鲁等人，再加上其他奴隶，共有三十三人。载着法昂的竹筏从香栋香通出发，法昂的母后将他抱到竹筏上，并唤来天神和那伽龙王说："虽然大臣们都说他一出生就长有三十三颗牙齿，是不祥之人，会给国家带来厄运，要将他驱逐出王城，但还是请你们保护好我的孩子，护其周全。如果他有福气，请保佑他乘坐的竹筏不会倾覆沉没。希望有朝一日，他能够通过恰当的方式而不是暴力手段成为这香栋香通的君主。"语毕，她又对所有随从吩咐道："无论我的儿子去到哪里，你们都要称呼他为帕耶，而不可称他

---

① "巴"是对年轻男子称呼的前缀，多用于古典文学作品中。

为法耀的孩子。"之后,载着法昂的竹筏顺河漂流,法昂的母后一直送他到勐凯才返回香栋香通。无论法昂的竹筏漂到哪里,当地的人民都会给法昂一行送来食物。后来,竹筏漂到了里皮湍流的起点,即一个名为潭摩诃帖拉巴萨曼①的城镇。一位高僧得知了这个消息,便将法昂从漂流的竹筏里抱了出来,带回抚养。法昂三岁时被放逐,漂流了一年后才抵达帕萨曼②码头。高僧抚养了三年后,那空城国王将法昂带走,又抚养了七年。至此,法昂十四岁,那空城国王便将自己的公主许配给法昂。两年后,那空城国王召集术士来占卜澜沧王国的星象和气运。术士们根据占卜结果对法昂说道:"您父王母后已经去世,您的王叔登上了香栋香通的

---

① 此处为原文地名的音译。
② 此处为原文地名的音译。

王位。"于是那空城国王说:"本王将派一支军队护送他,并助他夺取政权,不知他是否还能登上香栋香通的王位?"术士们回道:"他不仅能打下香栋香通,还将打下阿瑜陀耶、清迈勐平、勐泐、勐肯、勐尊尼、蔑帖河河岸到勐密涵广密韶①、桑邵山和南岛散柯欧一带的地区。他不会在香栋香通死去,而是会在西边的一座城镇中去世。"此后一年,那空城国王赠予法昂战象、战马和军队,并为他举行加冕礼,尊号"帕耶法腊托拉尼"②。国王赐予他四名拥有丰富作战经验的将领,并赠送了许多武器,还赠予他四个胜利锣、四个胜利钹、四个胜利钟、三把胜利矛、四把胜利斧头和四把胜利长枪,

---

① 意为有干栏式房屋的城镇。
② 意为大地之主。

此外,还赠予法昂四百名负责后勤保障的士兵。那空城国

王命术士测算吉日良时,之后,法昂在一个吉日离开那空城

北上出征,那空城国王的女儿乔庚雅也跟随法昂一起出征。

法昂攻下众多城池

　　法昂的军队抵达勐彭塔时,帕耶彭塔前来迎战,双方进行了激烈的象战。最后法昂大败帕耶彭塔,将他杀死在象背上。之后法昂分封了多位帕耶,将勐彭塔分给他们统治,这些帕耶分别是帕耶巴郭、帕耶衮松、帕耶坎衡、帕耶敦登、帕耶占鸿、帕耶艾以及新的帕耶彭塔。法昂要求他们进贡大象、马匹和奴隶。安排妥当以后,法昂率兵前去攻打帕耶别博统治的勐卡崩。帕耶别博乘象前来迎战，然而还未接近法昂的军队，他就逃跑了，最后被法昂活捉，在拓河河口被淹死。这位帕耶别博就是那位女儿跳河自杀的帕耶别博的祖先，后者打捞自己女儿的尸体，最后捞出了一尊石佛，人们称之为"别博佛"。从与法昂交战的帕耶卡崩到这位女儿跳河自杀并捞出石佛的帕耶别博之间共经历了七代帕耶的更替。帕耶别博死后，法昂让帕耶别博的弟弟帕耶卡崩接替统治，并下令让他进贡大象一百头、奴隶一百人、象奴二百人、金子二千钯①、绫罗绸缎二百匹以及男女奴隶二百人。之后，法昂率军前去与帕耶占巴梯腊交战，法昂大胜并将后者杀死在象背上。法昂下令让另外一个人继任帕耶占

---

① 原文未写单位，此处根据前文出现过的金属单位补译出"钯"，后文同。

巴梯腊。同时法昂还分封了帕耶占巴那空、帕耶锦、帕耶詹、帕耶敦萨柯、帕耶萨囊、帕耶苏和帕耶梭。法昂下令让这些帕耶进贡拴象绳、帘子、棉线、丝绸、黄金、大象、麻绳和奴隶。之后,法昂率军向着南欣本河进发。抵达后,一位名叫维昂的帕耶前来应战。然而他一看到法昂的军队,就撤军逃跑了,最后被巴晋追上杀死,于是法昂封维昂的弟弟为帕耶切蒋。此外,法昂还分封了帕耶广贤、帕耶广通、帕耶勐銮、帕耶勐木安、帕耶望、帕耶嘎达、帕耶孙彭和帕耶萨本。法昂下令,让他们每年进贡棉线、丝绸、帘子、毯子和奴隶,他们要在每年的十二月带着这些贡品启程,在次年的三月抵达王都。之后,法昂领兵抵达卡定河河口。当时,勐帕南鸿的统治者是帕耶叁控,他率领四万士兵和五百头战象前来与法昂的军队交战,而法昂则命巴吉柯领兵迎战。最后，巴吉柯大败敌军，抓住了帕耶叁控，在邦坝河河口将其淹死。此后，法昂率军进驻勐帕南鸿，并安排了新的帕耶勐帕南鸿接替帕耶叁控。这个消息传到了川圹勐普安的统治者帕耶切壮那里，于是他派闷銮普安和闷坎前去拜见在勐帕南鸿的法昂，并转告法昂：“我是昆布罗王和昆洛王的后代。法昂陛下想要攻打哪座城池，我都将派兵支援。”法昂回复道：“我的同胞还能想着我，真是我的幸运。你现在统治的地方仍归你统治，但是要为我提供武器、铁器和工具。我打下的勐萨和勐木安等城镇也都交由你来统治。”之后，法昂带领军队前去攻打帕耶勐密涵广密韶、帕耶昂兴和帕耶昂楠统治的地区。法昂军成功抓住三位帕耶，并将他们

献给布阿銮王①。布阿銮王向自己的臣子询问法昂的出身，当他得知法昂是昆布罗王的后代时，说道："倘若法昂确实是昆布罗王的后裔，那么从勐密涵广密韶、桑邵山到南岛柯欧②一带的城镇都划给他统治。以分水岭为界，雨水流向老挝那一侧的地区为老挝的领土，雨水流向勐布阿③那一侧的地区为勐布阿的领土。"之后，布阿銮王命押送帕耶昂兴和帕耶昂楠的使者带回金子三万钯、银子三万钯以及许多沉香木和绫罗绸缎等礼物献给法昂王。而法昂则下令让帕耶勐密涵广密韶进贡黄金、绫罗绸缎和棉线。此后，法昂率领军队驻扎在昆洛的出生地——那诺欧奴，并将此地取名为

---

① 老挝对越南君主的称呼。
② 与前文提到的南岛散柯欧应为同一个地方。
③ 指安南。

勐天,原因是古时天法肯神命人来此地建设后,这里才开始出现城镇。这个地方资源丰富,有银矿、金矿、宝石矿、铜矿和铁矿。此外,法昂还分封了多位帕耶,包括帕耶勐天(那诺欧奴)、帕耶勐塞、帕耶勐莱、帕耶勐广、帕耶叁十彭勐鸿玛、帕耶勐冈澜、帕耶勐邢浩、帕耶勐浑、帕耶勐瓦和帕耶勐广通。从帖河①河畔到老挝这一侧的地区,布阿銮王交由法昂统治。于是法昂分封了多位帕耶食邑此地,让他们进贡黄金、白银、奴隶、帘子、丝绸、毯子以及配上金银马鞍的马匹、盾和枪矛等战略物资,并派遣使臣将这些安排告知布阿銮王。布阿銮王回道:"我的兄弟法昂,你回到香栋香通去吧。"此后,法昂率军渡过南乌江,朝着勐奔岱、勐奔讷阿一

---

① 与前文提到的莨帖河应为同一条河流。

带进军。两地的帕耶得知消息后立即领兵前来应战,最后败给法昂并被杀死。之后法昂派使者给帕耶景洪传去口信:"想要两军交战还是我们单独象战?"帕耶景洪回道:"您与我同宗同源,我不会与您交战。板崩銮旷到勐奔岱、勐奔讷阿一带的地区,划给您统治,成为澜沧王国的领地。我还将送去女儿与您结亲,只是她现在还小,待将来她长大后再送去澜沧王国,为您铺床摆枕头①。"他命人准备十万银子、一百匹配了金银马鞍的马以及绫罗绸缎献给法昂,法昂如数收下。之后,他封自己的手下巴晋为昭夸,人们称他为"夸晋"。之后法昂便率军乘船顺流而下抵达勐诺。昭勐②

---

① 意为与法昂成亲。
② 意为地方领主,君王。

诺请求成为澜沧王国的勐冈耀冈何安①,因此,法昂让祥公
继续担任昭勐诺,而祥公则为法昂举行拴线仪式和祭鬼仪
式。之后,法昂的军队继续乘船南下抵达南乌江江口。法
昂的王叔,即法昂父王的弟弟昭法坎浩,在法昂的父王去世
后继任王位。他有两个女儿,没有儿子。当他得知法昂已
乘船抵达南乌江江口,由于害怕法昂会将他们赶尽杀绝,昭
法坎浩便与自己的王后一同服毒自杀,只留下两位公主。
大臣们举行完丧葬仪式,便去恭迎在南乌江江口的法昂,并
在法昂抵达香栋香通后,为他和那空城国王的公主乔庚雅
举行灌顶礼。法昂成为香栋香通之主,他封自己的养祖父
为森蒙,封另一位养祖父为闷銮,封养育自己的叔叔为普讷

---

① 类似王畿,指由国王直接统治的直辖区域。

阿,封另一位养育自己的叔叔为普岱,封自己的义兄①为帕耶卡萨,负责管理所有居住在山地的伕族②人。无论是在宫廷、议事处,还是在举办祭祀鬼神仪式的场所,帕耶卡萨都是第一个进入这些场所的人,因此,法昂王下令在香通皇宫旁边为他建造一座府邸。此外,所有敬献国王的礼品都由帕耶卡萨负责接收,帕耶卡萨便委任一人代理执行这项工作,后者被称为澜腊,也就是现在的闷腊。

---

① 以上人士都是法昂被放逐时与法昂同行的随从。
② 古代佬族人称老挝原住民为"伕族"。

法昂王北上攻打清盛

之后,法昂王率兵沿着湄公河北上前往兰纳①国。由于当时乔庚雅王后已有三个月身孕,法昂王便让她在香栋香通主持政务。法昂王乘船抵达勐勒阿的华荷码头后,乔玛哈丽公主和齐琥的儿子即昭法坎浩的外孙乌隆前往素昂廓

---

① 意为百万水稻田,泰国北部地区的一个古国。

坎码头拜见法昂王。乌隆说："我是乔玛哈丽公主的儿子，

而我的母亲是昭法坎浩的女儿，所以我与您同宗同族。"法

昂王回道："如果真是这样，那么勐勒阿仍继续由你统治，不

过要成为本王的勐冈何安①。"其后，法昂王来到崩河河口，

接着挥师北上攻打勐混和勐崩。攻下后，法昂王率军驻扎

在塔河河口，之后又攻下勐香崆、勐寇函和勐清通。法昂王

委任一位官员统治勐清邓，上述四城被并称为"水上四城"，

由勐清邓的统治者担任四城的管理者。之后又攻下勐帕、

勐普阿、勐普坤和勐衡，命勐帕的统治者担任这"陆上四城"

的管理者。回到塔河河口后，法昂王下令统计他所拥有的

---

① 同前文的"勐冈耀冈何安"。

兵力，得知共有佬族士兵四十万，交人①和瑶族士兵十万，此外还有五百头战象。之后，法昂王率兵继续北上攻打勐欣和勐奥，攻克后领军驻扎在敦穆恩。得知法昂军队逼近的消息，兰纳国国王帕耶叁帕雅下令从兰纳境内各城征集士兵，最后集结了四十万大军。当时，兰纳的王都在勐清盛。兰纳王命大臣贤蒙率军前去迎战。法昂王乘坐名为香通的大象，横渡郭河，前去与贤蒙的军队交战，而夸晋也骑象参与战斗，最后兰纳的贤蒙被杀死在象背上。兰纳国王帕耶叁帕雅得知消息后便逃往清莱。法昂王下令追击，帕耶叁帕雅一路撤退至勐飘、勐楞、勐亥、板俞、勐俞昂、华普昂、华

---

① 交人可能指老挝西北部的一支少数民族，也可能指越南人，由于暂无其他材料印证，此处原书中 kaev 音译为"交"。

法埃琨、勐泐、勐肯和勐清恳。见此形势,帕耶叁帕雅只好命闷古甘、闷孙和勐清莱的闷冈给法昂王送去一千担①米,并转告法昂王:"我的女儿诺翁娑长到十六岁,会送去与您成亲,只是现在孩子还小,您先将帕岱以南的地区纳入澜沧王国的版图。"从此,帕岱成为澜沧王国的领土。此外,帕耶叁帕雅还向法昂王进献金子二万钯、银子二十万钯、一枚名叫玥清盛②的蓝宝石戒指、一枚名叫玥清莱③的绿宝石戒指以及一枚名叫玛尼法露昂的红宝石戒指。不仅如此,他还给法昂王的重臣送去许多黄金和白银。之后,法昂王率兵乘船南下回到澜沧王国,命人将南塔河上游到勐郭一带以

---

① 一千担＝六万公斤。
② 意为清盛之最。
③ 意为清莱之最。

及勐腊到登泐一带的老伤族人迁移到澜沧王国居住,仅在昆山和仲凉山分别留下二十户人家,继续在此地生活并繁衍后代。同时,法昂王留下训谕:"你们不要与泰人和佬人起冲突,不要抢夺佬人的财物。无论是与他人起冲突,还是要参与打斗,须谨记,甲日、乙日、丙日、丁日和戊日是可以使用武力的日子,允许你们打斗和交兵;但是在己日、庚日、辛日、壬日和癸日这五天,禁止打斗滋事,不可抢夺他人的水牛等财物,也不可抢夺他人的奴隶。如有人不遵循本王的命令,这块从香栋香通的索坎带来的石头,将压在那个人的身上。这块石头重二千五百钯,若有人不遵从身为香栋香通之主也就是本王的命令,管理你们的四位官员要给本王送来与这块石头重量相当的银子和一头水牛。因此,你们不要滋事,不要相互抢夺财物。"法昂王嘱咐完毕,就带着这些老侟族人乘船南下,并将他们安置在山上,同时任命香博和香帕负责管理。法昂王北征两年,才返回香栋香通,这才见到自己的孩子温何安,即未来的桑森泰王。这时,澜沧王国境内的老侟族男女老少共有十万,都由夸晋负责管理。

法昂王南下攻打万象

后来,法昂王率军离开勐斯瓦,乘船南下。他任命巴博、巴吉柯为将军领兵攻打勐赛。昭勐赛,即昆珂(昆坎)的孙子陶凯率兵应战,最后在香宋被打败。法昂王便让巴博食邑于勐赛,人们称其为"赛博"。此后,法昂的军队继续南下行军,抵达廊庚,巴博和巴吉柯领兵驻扎在那讷阿码头。当时,项蒙统治万象,帕耶帕奥统治万坎,二人是父子,共有二十万兵力和五百头战象。项蒙的坐骑是一头名为旺布厉①、高八腕尺的大象,帕耶帕奥的坐骑是一头名为森楠阔②、高九腕尺的大象,巴博的坐骑是一头名为骠扎嘎万③的大象,巴吉柯的坐骑是一头名为宽鲁昂法④的大象,法昂王的坐骑是一头名为鸿香通⑤的大象。项蒙和帕耶帕奥父子二人率兵前来应战。当时法昂王的军队正驻扎在那讷阿码头,而巴博、巴吉柯的军队则驻扎在汀占必,由于项蒙父子率先发起进攻,所以两军交战的这个地方被命名为銮湖⑥。巴吉柯与项蒙进行象战,最终项蒙大败并被杀死在象背上。

---

① 直译为王城的宫殿。
② 意为十万位女性等待。
③ 意为开辟宇宙。
④ 意为来自天上的斧头。
⑤ 意为香通的庇护。
⑥ "銮"意为事先的、先行的。

而另一边,巴博和夸晋则与帕耶帕奥进行象战。帕耶帕奥

看到对手乘坐的大象大腿粗壮(而心生惧意),便逃回了自

己的领地万坎。之后,法昂王率军进驻万象,命巴晋、巴贤

和巴吉柯三人领军攻打万坎。然而三位将军久久未能攻下

万坎,便派人前去禀报法昂王:万坎被茂密的刺竹林围绕,

攻城困难,而帕耶帕奥则躲在城里,拒不应战,导致久攻不

下。法昂王回复:"不难。传令下去,让人用金银打造成箭

羽给他们送去。"同时,传书给三位将军,让他们包围万坎,

将这些安着特制箭羽的箭朝竹林射去,佯攻三天后撤军。

三位将军照办。与此同时,法昂王横渡湄公河来到勐葛,攻

下勐垦陶①到那空泰②一带的城池以及许多边境城镇。于是

---

① 位于今老挝沙耶武里省。

② 编者认为,此地位于今泰国碧差汶府。

法昂王任命巴吉柯为"闷葛"（负责管理这些城镇）。之后，法昂王率兵回到万象，再去攻打万坎。最终，万坎城破，帕耶帕奥被俘，他恳求死在香栋香通，于是法昂王将他关进笼子里，命人从陆路将他押送回香栋香通。然而在途中，帕耶帕奥就死在了汀衡村，此地因而得名勐宋①。

法昂王回到万象后，再次对战象和士兵进行统计。根据统计结果，从霍銮以北到帕岱一带，共有大象二千头、马一千匹和人口六十万。法昂王任命巴贤为"闷卡崩"，其辖地自勐帕南鸿清萨起，往南一直到登占、拉威口岸和安南南部边境城镇勐巴广，以上地区共有人口四十万、大象一千头、马五百匹。法昂王还任命巴昆为"闷占"。这次统计发

① "宋"意为牢笼。

现,居住在奔通①的泰族人仅有三十万,佬族人七十万。换

而言之,在澜沧王国境内共有人口一百万。法昂王还下令

让夸晋将一万户老伕族人迁居到万象城外的卡德法选;将

十万户人家迁居到依汉诺、依汉銮、万涛山、万宝山和色昂

赛等地。

---

① 一种房屋的名称。

法昂王攻打阿瑜陀耶

　　法昂王率兵六十万和战象五百头前去攻打勐兰披雅西

利阿瑜陀耶①，仅留下四十万士兵和三千头战象留守王城。

在此次作战中，法昂王命闷葛和闷卡崩统领先锋部队，命夸

晋统领右翼军，命赛博统领左翼军，命闷占统领后卫军。法

---

① 古代老挝对阿瑜陀耶的称呼。

昂王取道布阿贡,抵达万①帕昂,在抓住昭万②崩帕昂后,向

着万侯诶巴督③进军。之后,法昂王命人活捉多个城镇的帕

耶,攻下了勐帕萨、帕萨乾、帕凌、帕那赖、那田、榭卡玛和萨

磅西节等地。此外,还抓住了勐彭飞迭的帕耶占和帕耶坦。

上述城镇的统治者,都是帕耶顾巴航的后代。法昂王将他

们抓起来后关在万侯诶巴督的监狱里,帕耶侯诶巴督也被

关在这里。法昂王命人到城内进行破坏,佛塔和佛像都未

能幸免。之后,法昂王命人给阿瑜陀耶国王送去信函,问:

"是否要一战?"阿瑜陀耶国王给法昂王回信道:"自昆布罗

王以来,我们就是同胞兄弟,从桑邵山到帕耶婆山和勐那空

---

① "万"是古代城镇名字的前缀。

② 等同于昭勐。

③ 即今泰国黎逸。

泰一带的地区都归您所有。我每年会给您进贡蔗糖和棕榈

糖。待我的女儿乔玥法公主长大后,会送去与您成婚,为您

铺床摆枕头。"此外,他还送去公象和母象各五十头、金子二

万钯、银子二万钯、犀牛角十万个以及其他物品百余件。法

昂王下令将帕耶顾巴航、帕耶侯诶巴督以及其他被关起来

的帕耶处以死刑。当时,一位高僧带着多位随从前来拜见

法昂王,他在离法昂王五庹远的地方站定。法昂王问道:

"贤僧,向您问好。请问您此次前来,所为何事?"高僧答道:

"我有些问题想要请教。我就是之前将您抚养长大的摩诃

巴萨曼。"法昂王命人摆好座位,邀请摩诃巴萨曼入座。法

昂王问道:"您有什么问题? 尽管道来。"摩诃巴萨曼说道:

"您自打出生就长有的三十三颗牙齿,现在都还在吗?"法昂

王说道:"都掉光了。"摩诃巴萨曼又问道:"是否长出了新牙,替换了旧牙?"法昂王回道:"长出了三十三颗新牙,数目不变。"摩诃巴萨曼再次发问:"一出生就长有三十三颗牙齿,何为幸,何为不幸?"法昂王回道:"我能够咀嚼食物汲取营养,因而能够顺利长大,是为幸。由于一出生就长有牙齿,人人都说这是不祥之兆,是为不幸。""那旧牙脱落,长出新牙,何为幸,何为不幸?"摩诃巴萨曼问道。法昂王说:"我能够咀嚼进食,是为大幸;牙齿偶尔咬到唇舌,带来痛感,是为不幸。"摩诃巴萨曼回道:"您积累的福分深厚,才能很好地回答我的问题。"之后高僧摩诃巴萨曼向法昂王和澜沧大臣讲经说法。他述请求法昂王放过被关起来的帕耶侯诶巴督等人。法昂王答应了,下令将他们放了,让他们回到各自的领地继续实施统治。此后,高僧摩诃巴萨曼辞别法昂王,从窗户乘云驾雾而去。

之后,法昂王率兵返回万象,并开始着手建设万象。之后又任命了多位官员,如封自己的养祖父为森蒙;命森蒙和闷卡崩二人统领全军;命闷銮、昭夸、昭赛、普讷阿和普岱五位大臣分别统治五个军事战略要地;命闷那和闷彭二人担任宫廷前殿腊萨瓦,而闷纳讷阿和闷纳岱二人担任宫廷后殿腊萨瓦;命乃銮讷阿负责护卫前殿,听命于昭普讷阿;命乃銮岱负责护卫后殿,听命于昭普岱。所有臣子,无论在战时,还是在各自的领地内,都要听令于国王。大城镇的统治者有闷占、昭万坎、昭万葛、闷帕南鸿、昭勐巴霍銮和昭勐清萨等人,他们担任"昆雅垦勐"①一职。而担任"昆雅廓勐"

一职的有昭勐垦陶、昭勐浓布阿、昭勐赛、昭勐夸和昭奥丹

叁闷,法昂下令由他们负责守护澜沧王国的边境城镇。

---

① "垦勐"和下文的"廓勐"为当时澜沧王国的行政区,"昆雅"意
  为长官。

在万象举行凯旋仪式

当时,闷占、闷卡崩和闷銮等朝廷众臣前来觐见法昂王。闷銮进言:"陛下已攻下众多城镇,我们想为您举行庆祝和加冕仪式,祝福陛下万寿无疆。"法昂王回道:"你说的太好了。"于是,法昂王命人挑选一块吉祥宝地,最后找到今天巴萨寺所在的地方(当时还未建有巴萨寺),在那里修建了一座灌顶亭。大臣们恭请法昂王到灌顶亭接受圣水的洗礼,并在那里举行凯旋庆祝仪式。庆祝宴会持续了七天七夜,共宰杀了十头大象、一千头黄牛和二千头水牛。仪式结束前,法昂王对所有大臣宣读了以下训谕:"诸位,请你们守护好澜沧王国,不让国内出现小偷、盗贼。其一,莫要相互打斗厮杀。无论是自己的仆人犯错,还是自己的妻子犯错,莫要急着夺其性命,先让旁人帮着斟酌衡量一番,如果确实罪行深重,则依罪处罚;罪行较轻的,莫要伤其性命,可将其关进牢里,刑满后再释放出来,让他们可以继续工作。在这片土地上,有人,才能创造出财富;没有人,财富也无处可寻。这就是不让你们轻易杀人的缘由。其二,诸位应避免冲突与不和,共同守护边境。其三,如有外敌入侵,需要你们清楚地掌握情况。其四,每两个月要派使臣前来香栋香通觐见本王。本王将举行祭祀仪式,用三十六头水牛祭拜

天法肯神、天控神、天登神、天桑神、天特阿神、惹太公、莱太公、央太姥和莫太姥,祭拜帕丁山、南乌江江口、南色昂江江口、森考坎、南康河河口、索荷溪河口、栋河河口、蛤蚧山、荡乃、腊曼、太坎、那亥刁和考嘎山的守护神以及守护考嘎山隆湖、圹山、贡法易安石和标记香栋香通所在位置的贡盖法石的天神。待诸位的使臣抵达后,祭祀仪式才会开始。因此,各个地方的使臣要在每年一月①启程前来勐斯瓦,并于当年的三月抵达。如果哪个城镇的统治者不派遣使者,将被认定为对本王不忠。祖父銮翁王曾教导本王,要了解臣子的心思,要在祭拜天神的时候辨别何人忠君,何人不忠。

其五,请各位不要让平民变成自己的奴隶,平民如果犯有重

---

① 指老挝历法的一月,后面出现的日期都是如此。

罪,诸如与你们的妻子通奸等情况,对其处以仅五钯的罚款即可;若是杀害其性命,则由杀人者来替代死去的人①。其六,不要向参军的百姓征收人头税,无论是一钯、两钯还是上百钯,都不可收取。各位不要对百姓收取超过一百钯的罚款,何人不遵从,他将失去颜面,沦为普通人。"法昂王对诸位大臣的训谕内容丰富,这里仅列举要点。之后,大臣们回到自己的领地,而法昂王也率兵取道陆路回到香栋香通。甲午年四月初三火曜日,代为主持政事的乔庚雅王后以及香栋香通的百姓前来迎接法昂王,为他举行拴线祝福仪式和灌顶礼,祝福法昂王在香栋香通的统治延续千秋万代,子孙后代繁衍生息。

① 原文语义不明确,可能是指"代其成为奴隶"或"被处以死刑"。

从高棉引进佛教

征战结束后,法昂王便北上回到香栋香通。当时,澜沧王国境内的百姓都信奉祭拜祖先和鬼神,不懂得佛、法、僧三宝的重要性,还喜欢炫耀自己的财富、个人的勇气、矛和剑等武器。看到这种情况,那空城国王的公主、法昂王的妻子乔庚雅王后便对自己的丈夫说:"这个没有佛教信仰的地方,我无法待下去了,我请求回到我父王所在的那空城。"法昂王回道:"要是这样,我将派使者去拜见那空城国王,请求引进佛教。"于是,法昂王命使臣带着金银各三万钯和一种名为南康的宝石、普郭山宝石以及宗佩山宝石等礼物,前去拜见乔庚雅王后的父王那空城国王。那空城国王希望能在整个南赡部洲弘扬佛教①,于是命高僧帕巴萨曼昭敦皮、帕摩诃帖拉昭贴兰卡以及两位高僧的弟子二十人带着帕邦佛前往澜沧王国。这尊帕邦佛在楞伽国②铸造而成,楞伽国人将筹集来的金银存放在大佛塔里,然后对高僧帕摩诃祖腊纳帖拉昭说:"我们希望铸造一尊佛像护佑我们。"帕摩诃祖腊纳帖拉昭听到楞伽国百姓的请求后便进入禅定,飞升到

---

① 原文语句不完整,据推测译出。
② 即今斯里兰卡。

大雪山①森林,来到自大雪山森林出现以来便一直存在的谢腊巴石附近。在这里,他遇到了二十位隐士,其中通隐士和邵隐士年龄最大。帕摩诃祖腊纳帖拉昭将楞伽国人民想要铸造佛像的事情告诉他们,并加热因陀罗神的班图甘彭西拉阿萨那石。毗湿奴神、因陀罗神和居住在四天王天、仞利天、夜摩天和兜率天②的诸天神以及居住在大地和宇宙的天神都聚集到一起,他们以因陀罗神和帕摩诃祖腊纳帖拉昭为首,下令通隐士和邵隐士前去楞伽国同国王取来楞伽国人民筹集的存放在大佛塔用于铸造佛像的金银。之后,两位隐士取来了楞伽国人民的金银,这些金银有的如小米大

① 佛教传说中一山名,即指喜马拉雅山。
② 佛教欲界六天的前四天。

小,有的如芝麻大小。楞伽国国王也将一百尼卡①的金子交

给两位隐士,与百姓的金银一同用于铸造佛像。之后,楞伽

国国王和众神一同祈祷道:"请让这些金子变成佛像的双

手、双脚和心脏吧。"祈祷完毕,楞伽国国王对两位隐士说

道:"开始铸造佛像的时候,请让帕摩诃祖腊纳帖拉昭到我

们这里来,我们将在楞伽国举行灌顶仪式,让全世界都知道

铸佛的事情。"两位隐士抵达帕摩诃祖腊纳帖拉昭所在的地

方,因陀罗神和诸天神便将从楞伽国百姓那里收集的金银

和铜放在一起,以因陀罗神和帕摩诃祖腊纳帖拉昭为首组

织铸佛工作。他们任命毗湿奴神为铸佛师,在四月十五日

---

① 古印度的硬币单位名,据通坎·温马尼苏编写的《老挝语词典》,
一尼卡＝五苏万那。

日曜日临近黎明时分开始铸造佛像的工作。铸造完毕，帕摩诃祖腊纳帖拉昭、因陀罗神和诸天神将佛像放置在地处楞伽国中部的匡銮，然后派人前去将铸佛的消息告知楞伽国国王。楞伽国国王得到消息后便准备供品用于供养五样佛舍利。他把佛舍利放到一个金瓶里，再放到佛像前，接着献上供品，并祈祷道："如果这尊佛像愿意护佑楞伽国和南赡部洲的众生，实现我们的愿望，则请五样佛舍利进入这尊佛像里。"楞伽国国王祈祷完毕，五样佛舍利在帕摩诃祖腊纳帖拉昭、楞伽国国王和众臣子的面前分别进入到佛像的额头、咽喉、胸口和双手的掌部。大千世界乃至兜率天的神仙们念道"善哉"，并不断撒下许多米花、鲜花和香烛，如此这般持续了七天七夜。之后，楞伽国国王在匡銮建造了一座精舍用于安放佛像，佛寺的旁边有一个大水池，名为邦普塔池。因此，人们称这尊佛为帕邦佛。这尊佛像的命名还有其他两个原因：其一，在两位隐士前去向楞伽国国王取来用于造佛的金银时，楞伽国的大臣和百姓都念道"请放一些①我的金子或银子吧"；其二，一个人如果朝拜了这尊佛像，他自身的罪过、欲望和疾病会有所减轻甚至消失。楞伽国国王便把以上三个原因作为将这尊佛像命名为帕邦佛的依据。从此，这尊佛像一直护佑楞伽国的百姓，在此期间，楞伽国的王位传了七代。

当时有一位高僧名为摩诃普塔阔萨瞻昭，他曾到楞伽国去抄录佛经。他来到那空城后，禀告那空城国王："在楞伽国有一尊帕邦佛，十分灵验，前去朝拜的百姓都实现了自

---

① "一些"这个词的老挝语发音与"邦"相似。"邦"在老挝语中有稀少的、一些等意思。

己的愿望。据楞伽国的帕邦佛史记载,这座佛像重四万四千五百钯[1],由金、银、铜等五种金属熔铸而成。"那空城国王得知后,便派遣使节前去与楞伽国国王交好,请求赠予三藏经和帕邦佛,希望能迎请这尊佛像到本国供养,从而护佑那空城的百姓。楞伽国国王命人先送来三藏经,而帕邦佛则将在四月十五启程前往那空城。帕邦佛从此在那空城护佑百姓,在此期间,那空城经历了七代国王的更替。后来,法昂王和乔庚雅王后向那空城国王求来帕邦佛,这尊佛像才来到澜沧王国。那空城国王派出的使团以高僧帕巴萨曼和帕摩诃帖拉昭贴兰卡为首,两位高僧的二十名弟子同行。此外,还有三人负责护送帕邦佛、三藏经和使团的僧侣,他

---

① 原文未写单位,根据前文提到的金子的单位译出。

们分别是诺腊幸、诺腊德和诺腊萨。这三人通晓吠陀,有丰

富的占星知识。此外,那空城国王还送来一批工匠,包括雕

刻家、造佛工匠、铁匠、铜匠和金匠等,并送来了用于表演

《拉玛坚》①剧、拉勉剧等戏剧的道具以及多种乐器。随行人

员还有那空城四个村子的百姓,其中,一千人作为高僧帕巴

萨曼和帕摩诃帖拉昭贴兰卡的随从,一千人作为诺腊幸的

随从,一千人作为诺腊德的随从,一千人作为诺腊萨的随

从,一千人作为乔庚雅王后乳母的随从,男女老少共计五千

人②。那空城国王下令由勐塞提供这些与高僧帕巴萨曼等

人同行的随从。使团抵达勐葛时,乔庚雅王后的乳母染上

疾病,无法继续前行,使团便决定先在勐葛的廊湃整顿休

---

① 印度史诗《罗摩衍那》在当地的版本。

② 原文写的是"四千人",根据上文内容将此处更正为"五千人"。

养。勐葛太公和闷葛在廓湃划出一块长、宽各两千庹的土地,让使团在此建造自己的村庄,这个村子因而得名湃乳母村。两个月后,法昂王和乔庚雅王后派人在万象迎接帕邦佛,闷占和万象的百姓先是将佛像迎到东昌岛上,许多大臣和百姓都前去赕佛。两位高僧询问前来赕佛的大臣们:哪里是巴邦赛,哪里是巴巴萨,哪里是彭萨伯,哪里是占湖,哪里是咔碟湖,哪里是萨磅莫。这些大臣找来了项蒙太公和万象太公,他们将上述地方的具体位置告知两位高僧。高僧取出从那空城带来的史书查阅一番,发现书上的记载与太公和大臣们所说的一致,于是说道:"巴巴萨所在的位置,两位仙人兄弟曾放置了檀香木柱用于标记;在萨彭孙东边并靠近咔碟湖西边的那个位置,仙人兄弟也放置了一根四方的石柱进行标记;至于拘留孙佛、拘那含佛、迦叶佛等四

尊佛陀(即四佛)的佛塔处,则放置了一只金狮子,仙人兄弟在祈祷后放置了一根石柱进行标记,这是关于四佛佛塔的情况。在勐素万那普的石柱附近还有许多佛塔的遗迹。当初,帕耶西利坦玛阿索咔腊[1]曾下令让帕阿罗汉达昭在此地修建了许多佛塔,如帕那莱塔、帕萨塔、帕虔塔和帕那恬塔等,主要坐落在谷帕杭一带。帕虔塔和帕那恬塔两座佛塔则坐落在勐旷洛班。此外,帕农塔和彭霏碟塔也是当时修建的众多佛塔之中的两座。在巴巴萨南部的一座佛塔里,有仙人兄弟安放的檀香木瓮。当时,他们将四尊佛陀的舍利放进四个琉璃匣子里,然后祈愿。这是四佛舍利的情况。

"我前往居住的勐斯瓦,是乔达摩佛曾依照此前多位佛

---

① 即阿育王 Asoka 或 Dhammā soka,意译为"无忧王"等,其在位时曾命目犍连子帝须长老召集主持佛教第三次集结。

陀的做法前去弘扬佛法的地方。他曾云游过的地方有蔻通西北部,即湄公河北岸的本山;索荷溪河口北部;考嘎山;考嘎山朝着湄公河那一侧的山脚,即人们所说的末伦石处;考嘎山东侧山脚;桑洋河河口、南康河南部和那考昭①北部的一个地方。帕阿罗汉达昭还留下了四个足印,只是这些足印没有脚趾头。传入勐斯瓦的佛教,将延续五千年。"

帕摩诃巴萨曼说道,"诸位大臣,现在向你们诵读的这本史书,自远古以来便一直存在,是当初因陀罗神与诸天神在因他巴塔那空城②的一块石碑上写下的内容。"帕邦佛在万象停留了三天三夜。之后,大臣和百姓从水路离开,而两位高僧则选择从陆路将帕邦佛护送到万坎。

---

① 意为白米田。
② 即吴哥通。

帕耶万坎前来迎请帕邦佛，让百姓能够瞻仰膜拜这尊佛像。晚上，帕邦佛显灵。次日早晨，使团准备启程将帕邦佛送往勐斯瓦。此前，每天负责抬帕邦佛的有八人，然而这天当使团准备出发的时候，八个人却无法抬起这尊佛像，甚至十六个人也无能为力。看到这种情况，负责将帕邦佛从那空城护送到澜沧王国的两位高僧和三位贤者占了一卦，卦象显示，帕邦佛想要留在万坎，因为它预见未来法昂王不恪守王法，强迫人民缴纳高额的田税，强迫女童、少女和朋友的妻子与自己同住同眠，掠夺朋友的领地，杀害村长和昭勐，最终全国上下一同将法昂王驱逐出澜沧王国。再者，乔庚雅王后也将在不久后离开人世。帕邦佛预测到未来是这样的状况，便不愿前往勐斯瓦，而是想先留在万坎，待未来法昂王的后代中出现恪守王法的君主后才去往香栋香通。

因此,高僧帕巴萨曼和帕摩诃帖拉昭贴兰卡便把帕邦佛留在万坎,然后与三位贤者一同率领使团继续北上,最后抵达勐斯瓦。高僧向法昂王和众臣汇报在万坎所发生的事,然后取出那本从那空城带来的史书,在法昂王和大臣们面前念诵。史书记载了佛祖预测到的四佛云游到过的地方,包括乔达摩佛弘扬佛法以及那个没有脚趾的左脚佛脚印的地点等内容。后来,高僧帕巴萨曼让人按照那本从那空城带来的史书所记载的内容建造佛塔和精舍。澜沧王国的别名是素万那普这一点,在被因陀罗神刻在那空城石碑上的史书中也有记载。

接下来将讲讲法昂王恪守王法和不奉行王法的事。未来,在法昂王的后代中,会出现有德之人修建大佛塔,以作为护佑百姓的圣地,届时帕邦佛将来到香栋香通护佑百姓。

法昂王与那空城国王的公主乔庚雅生育了两位王子,名叫温何安和坎龚。未来,坎龚将担任温何安——未来的桑森泰王的蒙森。此外,法昂王还有一位公主,名为乔格熙。离开那空城时,法昂二十一岁,经历了四年征战后,法昂在二十五岁时登上了香栋香通的王位。十五年过后,乔庚雅王后辞别人世。从此,法昂王变得治国无道、不守王法。他不听他人的进言,是非不分。那些自离开那空城以来便一直跟随法昂王的亲信,得到了法昂王的厚爱。他们即使犯了错,法昂王也不追究。而那些当初没有追随法昂征战的官员,则受到了法昂王的打压:他们即使犯了小错儿,也会被认定为重罪。鉴于此,澜沧工国的人臣、百姓以及众僧侣共同将四十八岁的法昂王驱逐出王都。法昂王只得取道达楠,前往勐南。法昂王在那里生活了两年就去世了。他离世的时候祈祷道:"请求上天能让我的尸骨回到澜沧城。"当时,人们建造了一座寺庙用于安放法昂王的尸骨,这座寺庙名为帕耶法寺。帕耶南命人将法昂王的额骨缝进一面旗子里,将旗子放到佛前供养。他还将法昂王的遗言写在了这面旗子上,并祈愿:这面旗子里缝进了法昂王的额骨。如果法昂王福德尚存,他的后代也能为他积累功德,那就让风吹走这面旗子,让旗子飘到澜沧城,让法昂王的孩子能够依照法昂王的遗愿修建佛塔和精舍。帕耶南祈愿完毕,天神下令让风将旗子吹走。最终,旗子落在了一个岛上,人们称之为湾岛。

后来,法昂王的儿子温何安在谷岱山修建了一座佛塔,用于安放法昂王的额骨和这面旗子。在谷岗山上安放的是法坎浩的尸骨，在谷讷阿山上安放的是法蔑的尸骨。

接下来讲讲后世国王的故事。澜沧王国的大臣和以帕摩诃萨弥①昭为首的僧侣，恭请温何安继任王位，他的尊号为"桑森泰王"。桑森泰王迎娶诺侬皓为后，诺侬皓是法昂的王叔帕耶坎浩②的女儿，封号"嬢恬"或"布阿恬"。她有一位义姐，名为嬢嘎，擅长操办事务。桑森泰王在位期间，澜沧王国日益繁荣，佛教也不断得到发展。后来，桑森泰王下令修建一座佛寺，在这座寺庙里供奉着一尊佛像，桑森泰王将自己母后即乔庚雅王后从那空城带来的一块宝石镶在这

---

① 授予完成巴利语和佛法学习的高级僧侣的头衔。
② 前文提到的昭法坎浩、法坎浩与此处的帕耶坎浩都指同一个人。

尊佛像的胸前，佛像立即熠熠生辉，这座寺庙也因而得名乔寺①。乔寺建好后，桑森泰王恭请帕帖兰卡昭担任乔寺的帕摩诃萨弥昭。同时，宣布大赦，即所有戴罪之人，无论是应处以笞刑、杖刑和徒刑的，还是应处以罚金、死刑的，只要进入了乔寺，即可免除刑罚，所欠的债务无须偿还，应缴的罚金也无须缴纳，只需要进献米花、鲜花、蜂蜡和香烛，向佛陀忏悔，接受高僧的教导后即可继续工作。此外，桑森泰王还向乔寺布施了许多田地和村庄，乔庚雅王后乳母的湃乳母村也被布施给了乔寺。之后，桑森泰王和王后到乔寺祈愿："祈求上天能赐予我们两个优秀的王子和两个优秀的公主，希望我们的孩子能够聪明智慧，知识广博。修建佛寺和铸

①"乔"意为宝石。

造佛像的功德请归于昆布罗王、雍玛帕腊王后、诶恪昂王后等先辈。无论逝者还是生者,如果正处在不幸之中,祝愿他们能脱离不幸;如果生活在幸福之中,祝愿他们能过得更加幸福。森蒙、闷銮、昆闷、昆盘、大小官员和百姓等生者,无论是参与修建寺庙之人,还是随喜者,或仅仅听到了祈愿之人,只要是澜沧大地上的子民,都是如此。"之后,桑森泰王和王后进行洒水祝福仪式。两个月过后,布阿恬王后梦见素昂山变成了一座金山。第二天一大早,她向丈夫转述了自己的梦境。于是桑森泰王唤来诺腊幸、诺腊德和诺腊萨等贤者,让布阿恬王后将自己的梦再讲述一遍。几位婆罗门推测道:"根据这个梦兆,您可能将诞下一位优秀的王子。"三月初五日曜日,孃恬怀孕。十二月初一,她诞下一位王子。满月后,王子取名为兰坎登。一年后,兰纳国王送来自己的女儿诺翁茜公主,并命勐汀和勐帕瑶的一千户百姓随行。于是桑森泰王下令修建一座宫殿和一座寝殿作为其居所,并取名为香冈顺殿。而跟随诺翁茜公主一同前来澜沧王国的一千户勐帕瑶百姓则被安置在考嘎山南部,这座山后来因此被命名为帕瑶山。此后过了一年,诺翁茜公主诞下一位王子,取名为贡郭勐。这位王子长大后,桑森泰王派他去统治勐清萨。之后,阿瑜陀耶国王送来乔玥法公主与澜沧王国国王结亲。桑森泰王便命人在栋河河口北边修建一座宫殿,取名为清黛殿。一年过后,乔玥法公主诞下一位王子,名为旺布里,后来桑森泰王派他去统治勐巴萨。乔玥法公主还诞下一位公主,名为玛哈凯。这位公主五岁时不幸夭折,她的皇兄修建了一座佛寺用于安放她的骨灰,这座寺庙取名为西鸿寺。之后,他将这座寺庙交给勐斯瓦的乔寺打理。又过了一段时间,帕耶景洪也送来了一位公主与桑森泰王结亲,桑森泰王把她安置在香通太殿,因此赐号"通殿太妃"。这位公主诞下一位王子,取名为贡坎。后来桑森泰王派这位王子去统治勐巴霍銮。这位昭勐巴霍銮后来有一子,名叫敦坎,也就是桑森泰王的皇孙。桑森泰王七十九岁时驾崩。在桑森泰王还很小的时候,术士曾预言他未来会因水而死。就在新年①那天,桑森泰王在香通皇宫因呛水而死。布阿恬王后让自己的儿子素万那巴郎②登基。新王命人修建一座寺庙用于安放父王的骨灰,这座寺庙取名为登天寺,建好后改名为苏安奠寺。之后又下令在贡勐

---

① 老挝新年在小历五月,大致为公历 4 月。

② 前文提到布阿恬王后的儿子名叫兰坎登,与此处矛盾,但原文如此,照译。

修建了一座博寺,然后敬请摩诃萨塔提果昭担任博寺的帕摩诃萨弥昭,又请摩诃萨穆担任苏安奠寺的僧伽瑟那①昭,并让伦洛来资助维护苏安奠寺,因而人们称伦洛为"榭提②伦洛"。苏安奠寺其实就是安放桑森泰王骨灰的佛寺。素万那巴郎登基后的一天,他梦见自己喝下了哉凯卡榭拉水并从池子里采了一朵莲花。醒来后,他将自己的梦兆转述给贤者,贤者推测道:"您将会有一位优秀的王子。"后来,国王果然生有一位王子,因此这位王子被取名为凯布阿班③。素万那巴郎活到六十四岁时离开人世。他的尸体被送去火化,后又修建了一座佛寺用于存放他的骨灰,这座寺庙取名

---

① 僧务大臣。
② 意为富人。
③ 意为钟爱盛开的莲花。

为玛诺隆寺。后来,桑森泰王的孙子彭古曼继位。仅过了三年,皇太后就命人在蔻通杀害了自己的孙子。这位皇太后是昭法坎浩的孩子,小名安蟠,是桑森泰王的王后,不懂得治国之道。无论僧侣、大臣,还是她的义姐孃嘎阻止她,求她不要这么做,她都置若罔闻,国家因此陷入混乱。后来,她让凯布阿班继位,然而这位新王登基仅九个月,皇太后又命人取其性命。得知消息的新王决定逃跑,不幸在帕考山被皇太后的手下抓住,最终还是丢了性命。皇太后便派人请诺翁茜公主的孩子陶清萨①继位,仅过了一年半,皇太后又命人在荷阿山取其性命。后来,孃嘎逃离王城,在普西山一带建了一个村子,皇室成员都来此地藏身。皇太后

---

① 即昭勐清萨。

又让帕耶巴霍銮继位,仅过了十个月,新王就请求回到巴霍銮。此后一年,帕耶巴霍銮就离世了,他的尸体在巴霍銮北部火化,后来该地修建了一座寺庙,取名为索卡杜帕耶巴霍銮寺①。皇太后又让帕耶夸巴萨②继承王位,但后者拒绝了。当时有一个名为莫门③的人,他娶了桑森泰王的奴婢为妻,二人生有一子,名叫坎格。莫门的妻子把澜沧王国所有大臣和马匹的名字乃至桑森泰王的所有物品等信息都告诉了自己的孩子,并让他牢记在心,然后对外宣称自己的孩子是桑森泰王再世。这些话传到皇太后那里,皇太后便命人将坎格接到王都,让他登基。这是因为澜沧王国上下都十分

---

① 意为存放帕巴霍銮骨灰之寺。
② 即桑森泰王与乔玥法公主的孩子旺布里。
③ 意为巫师。

爱戴桑森泰王,无论他转世降生在何地,众人都拥护他为王。后来,皇太后下令在苏安奠寺北边修建了一座寺庙,并命名为熙格寺。新王在位仅两年零两个月,就因肚子破裂而死。皇太后和新王的父亲莫门下令在篾嘎村南边修建一座寺庙用于存放新王的骨灰,这座寺庙因而得名门寺。皇太后肆意妄为,她与法昂王养父的儿子成婚,并让她的丈夫成为森銮清罗①。众人都认为皇太后不恪守王法,澜沧王国群臣便将皇太后夫妻俩驱逐出香通皇宫,并在帕刁山朝向香通皇宫一侧的某地将他们处死。皇太后终年九十五岁,篾嘎请求大臣允许自己带走皇太后的尸体,她在自己建造的村子里为皇太后举行了火化仪式,然后修建了一座寺庙

---

① 澜沧王国最有权力、最高的官职。

用于存放皇太后的骨灰,这座寺庙取名为箴嘎寺。箴嘎其实就是皇太后的义姐。

接下来讲讲箴嘎后人的事迹。箴嘎有一个女儿,名叫颂闷黛。颂闷黛有两个孩子,大儿子在维逊拉腊王在位期间担任普讷阿。这位普讷阿迎娶了维逊拉腊王的妹妹,二人生有一子,名叫帕颂勐,人称帕忽。帕颂勐的母亲去世后,名为昭赛的这位普讷阿迎娶了帕耶冈的姐姐,后者也是帕赛谢塔提腊昭王①的姐姐。实际上帕耶冈姐弟和帕赛谢塔提腊昭王是同父同母的亲姐弟。后来,普讷阿与帕耶冈的姐姐生下一子,名为奔雅叁,他长大后担任澜沧王国的森

---

① 即赛雅谢塔提腊王。

蒙,被任命副王一职。以上是篾嘎家族的世系,她与帕耶齐坎属于同一个氏族。

接下来讲讲贤者后人的事迹。诺腊幸是来自那空城的贤者之一,他有两个儿子,大儿子名为诺腊德,小儿子名为诺腊剌。两人通晓三吠陀,行动敏捷,智慧超群,腾空而起可高达十八腕尺,甚至是二十二腕尺,跃起十六腕尺对他们而言不费吹灰之力。第二位贤者诺腊德有一个儿子,也通晓三吠陀。第三位贤者诺腊萨①有一个儿子,通晓三吠陀,身强力壮,也同其他贤者的孩子一样聪明。成百上千人前去捉拿贤者的孩子,他们也能毫发无伤,而前去捉拿的人却

---

① 原文写的是"诺腊剌",前文提到那空城派来的使团中第三位贤者名为"诺腊萨",此处应为"诺腊萨"。

会手脚骨折、膝盖粉碎。他们剑术极好，无人能与之匹敌。剑出鞘后，即使是一万人与他们对峙，死伤的都是他们的对手。后来，三位贤者离开了人世。他们的孩子便修建了一座寺庙用于存放他们的骨灰，这座寺庙命名为华孔香冈寺。而帕巴萨曼、帕摩诃帖拉昭贴兰卡和乔寺的帕摩诃萨弥昭也都相继圆寂。于是人们在巴萨曼寺前修建了一座佛寺用于安放几位高僧的骨灰，取名为帕皮侬坦叁寺①。至此，澜沧王国笼罩在一片愁云之中，而澜沧王国的王位也空缺了三年。后来，四位贤者②和澜沧王国群臣一同前去恭请帕摩诃萨塔提果担任乔寺的帕摩诃萨弥昭，恭请萨穆廓担任巴萨曼寺的帕摩诃萨弥昭。两位高僧在当时被称为帕摩诃萨

---

① 意为三位高僧的寺庙。
② 指三位贤者的四个孩子。

弥昭敦皮和帕摩诃萨弥昭敦侬，他们二人被任命为澜沧王
国国王的腊萨库。四位贤者和两位高僧为国王谏言献策，
人民生活更加幸福。

接下来讲讲法昂王和桑森泰王后人的事迹。后来，两
位帕摩诃萨弥昭、四位贤者以及朝廷众臣一同恭请帕耶巴
萨①继承香栋香通的王位。他的宫殿位于万象的一棵菩提
树下。他接到邀请，便启程北上，前往勐斯瓦。抵达后，两
位帕摩诃萨弥昭、四位贤者以及朝廷众臣一同为其举行登
基仪式，献尊号"帕耶猜也查卡帕彭飘"。登基后，帕耶猜也
查卡帕彭飘任命帕摩诃萨穆昭为玛诺隆寺的坦玛瑟那，任

① 即旺布里。

命帕摩诃延坎皮昭为博寺的僧伽瑟那,并沿袭古制实行大赦。在位期间,他的后宫诞下一位王子,名叫清罗,后被任命为森蒙。后来又诞下一位王子,这位王子长大后被派去食邑勐卡崩,授爵"帕耶闷陶"。帕耶猜也查卡帕彭飘还派了其他王子到重要城镇实施统治:派名为敦腊的王子统治勐葛;派名为维逊拉萨的王子统治万坎与腊潘浓;派名为坎衡的王子统治勐赛和勐宋,授爵"昭赛宋";派名为坎帕的王子统治勐夸,授爵"夸帖帕"。国王还命自己的养父代为理政,封号"夸隆"。当时,人们在勐恳和勐夸附近发现了一头大象。这头大象的身子和四肢如红铜一般通红,高达九腕尺,其左耳根部到右耳根部长达三腕尺,名为瑟艾邦通,帕耶猜也查卡帕彭飘的儿子夸帖帕成了这头大象的主人。此外,帕耶猜也查卡帕彭飘的一位公主被派去统治勐闷那,小

公主则被派去统治勐闷彭。帕耶猜也查卡帕彭飘共有五位
王子和两位公主，澜沧百姓称两位公主为簸瑜阿昭嬢闷那
和簸瑜阿昭嬢闷彭。当时，赛穆伊食邑于万象，其辖地包括
达楠以及达楠以南地区。他以勐卡崩为自己的勐曼①，大臣
们认为此举不妥，便命令德诺和乃銮二人在他出游东昌岛
时将其处死。他的尸体被送到某处进行火化，国王下令修
建一座寺庙用于安放他的骨灰，这座寺庙名为瓦岱寺。关
于巴萨寺的来历，帕摩诃巴萨曼以及三位贤者查阅那本从
那空城带来的史书，书上记载，摩诃腊熙昭②在此地③安放了
檀香木柱和宝石柱用于划定立国建城的区域。帕摩诃巴萨

---

① 暗示他可能企图谋反。
② 即前文提到的仙人兄弟。
③ 指万象。

昆布罗王

曼命人在此地建造佛寺,并铸造佛像供养在寺中。高僧曾将帕邦佛迎到这里,供奉七天后再将帕邦佛运到万坎。这座寺庙建好后,取名为巴萨寺。关于万象统治者的人选,经过一番深思熟虑,帕耶猜也查卡帕彭飘决定让自己三十五岁的侄子食邑万象。此人少白头,有两个儿子。他的统治范围自帕南鸿起,往北一直延伸到勐赛以及边境城镇,人们也称他为"帕耶占欧登"[1]。一年后,帕耶垦陶捕获一头白象[2],便把这头白象进献给帕耶猜也查卡帕彭飘。白象高达七腕尺,十分漂亮。于是帕耶猜也查卡帕彭飘命人在考嘎山山脚、南康河河边为白象修建了一座宫殿。一位驯象师预言:"这头大象在哪里生活长达七年之久,那个地方就会

---

① "占"指万象,"欧"指少白头,"登"意为红色。
② 白象在老挝被视为王权的代表。

面临覆灭之灾。"该驯象师名为闷象坎宏,是担任帕耶那空康穆的闷坎空乔的爷爷。发生献白象事件三年后,白象的消息传到了布阿銮王[①]那里,布阿銮王便遣使者前来索取一些白象毛,帕耶清罗却给布阿銮王送去象粪。布阿銮王见到象粪后十分生气,用一年的时间招募士兵准备攻打澜沧王国。第二年,布阿銮王命右大臣廓贡玛领兵三百万取道勐夸攻打澜沧王国,岱宁请愿率兵五百万与骑坐白象的森蒙清罗进行象战,冈龚率兵三百万取道勐赛前往澜沧王国,昭布阿坎的侄子屠艾岱旺与乘坐大象皮曼坎的澜沧将军闷占进行象战,龚甘领兵三百万取道勐帕南鸿清萨进攻澜沧王国,龚普榭率兵三百万取道勐卡崩向澜沧王国进军,攻打

① 应为大越君主黎圣宗(1442—1497)。

澜沧王国的交趾①士兵合计二亿人②。帕耶清罗率兵二十万，命诺腊幸、诺腊莱、诺腊德和诺腊萨四人领兵一百万零四千，以及四万禁卫军在门勐山与敌军交战。在这场战役中，交趾军死亡人数达一百万。到了晚上，交趾士兵从门勐山下来，一部分人在门勐山山脚休息，另一部分人在谷山山脚休息，而岱宁的军队则扎营腊曼。到了午夜，鬼神用交趾话③对岱宁说："明天你将命丧勐斯瓦。"鬼神又对帕耶清罗说："快让帕耶猜也查卡帕彭飘从水路逃跑吧！明天你将在与交趾军的象战中战败，澜沧王国将面临覆灭。"第二天早晨，帕耶清罗乘坐白象，率领四百头战象及四万士兵出发，

---

① 指越南。
② 原文如此。数字明显过分夸大不可信。其他地方也有类似的夸大，不再一一注明。
③ 即越南语。

而闷銮和闷奔则共乘名为艾达考的大象,率领八万士兵和八百头战象绕行山路前去包抄岱宁军的后方。他们二人乘坐的大象高达九腕尺,右侧的象牙像胳膊肘一样朝上弯曲,而左侧的象牙则朝下弯曲,象牙根部有四拳粗。夸鲁骑名为赛进桐的红色大象,带领八百头战象与八万士兵驻扎蓬山,禁卫军则驻扎在那考昭,即现在维逊寺所在的地方。诺腊幸等四位将军率领四万士兵驻扎那蒙昆,之后一边与敌军战斗一边撤退到那亥刁;帕耶清罗也来到那亥刁扎营,前去包抄岱宁后方的闷銮以及夸鲁也都抵达此地,而岱宁的军队则驻扎在那考昭。闷銮和夸鲁率领二千头大象和二十万士兵,与诺腊幸等四位将军并肩作战,围攻交趾军,这场战斗从中午一直持续到傍晚,澜沧军大败交趾车四次,阻挡了岱宁的进攻。然而澜沧军仅有兵力二十万、战象二千头,

应对兵力多达五百万的交趾军,无论如何拼杀,都无法取胜。最后,澜沧军的大象载着驯象师逃到河边饮水。前往河边的途中,大象脚下踩的不是土地,而是交趾士兵的尸体。后来,岱宁前来与白象①进行象战,夸鲁乘坐赛进桐大象冲锋在前,被布阿銮王军队的三头战象包围,最后赛进桐将它们都打倒了。德贡被四头战象保护,从岱宁军左翼出击,而闷奔则乘坐大象艾达考与四名交趾将士交战,这四人最后也都战死了。岱宁军右翼统帅李琶带着六头战象,先于岱宁冲锋上阵。帕耶清罗的手下乃銮讷阿乘坐名为艾玛雅的大象与李琶对战。澜沧军的两位将领夸鲁和乃銮讷阿与敌军六头战象交战,最后六头战象被打倒,敌军六位将领

---

① 应是指乘坐白象的帕耶清罗。

战死,与之对战的澜沧军两位将军也战死了,他们的坐骑艾玛雅和赛进桐两头大象则横渡湄公河逃跑了。这位乃銮讷阿其实是普讷阿的爷爷。陶铮是担任帕耶森一职的奔叁的父亲。经此一战,澜沧军兵力严重受损。

后来,岱宁派出所有兵力进攻乘坐白象的帕耶清罗及其军队。前来支援的闷銮和闷奔在那亥刁与岱宁进行象战。最后,帕耶清罗的白象将岱宁的大象打倒,岱宁的大象战死。而澜沧军的二千头大象,有的战死,有的横渡南康河逃跑了,还有一些横渡湄公河逃跑了。闷銮和闷奔在战役中丧生。而诺腊幸、诺腊莱、诺腊德和诺腊萨四位将军被俘,最后在那考昭即现在华孔寺所在处被处死。帕耶清罗也身受重伤,只好乘坐白象逃往香通皇宫。在香通码头,他从白象上下来,登上名为瞥捞噶的小船准备前往香栋香通。

然而这艘船不幸失事,帕耶清罗也因此丢了性命。同一天,
交趾军的五百头大象和它们的驯象师以及岱宁将军都在那
亥刁战役中丧生,剩余的交趾军丢下战象、马匹和武器逃走
了。德琶①的孩子翁汪率领交趾军继续战斗了三天后才离
开。经统计,他发现剩余兵力仅有二十万人。之后,他们拔
营前往玛河河岸。在这里,他们又统计了一次,方法是让每
一位士兵在离开澜沧王国的领地、踏入交趾国之前堆一块
石头,最后统计到共有剩余士兵五百万人,即此次征战中交
趾折损的士兵达一亿零五百万;出征的高级将领有四千人,
撤军时仅剩六百人,即有三千四百人战死,这些人都是布阿
銮王的亲属。得知消息的布阿銮王大怒,下令:"从今往后,

---

① 即前文提到的李琶。

任何人不得与澜沧国交战。自昆布罗王时代以来，澜沧国就是我们的兄弟国家。昆布罗王曾下过诅咒，如有违抗，我国将面临灭亡。"同时，他还下令让都城内的百姓在头顶处文上老挝人的足印，都城外的百姓则在额头上文图案。同时下令，任何人任何时候都不得前去澜沧国，坚持要去的，先看看自己额头上的痕记。布阿銮王还宣布：两国的疆界，仍依照古时的划定，即南帖河河岸以南地区属于澜沧王国，南边从勐密涵广密韶、苏韶山①到南岛柯欧一带的地区也是澜沧王国的领地。

接下来讲讲结束与交趾的战争之后老挝的情况。当

①　与前文提到的桑邵山应为同一个地方。

时,名为阳萨穆的乔寺帕摩诃萨弥昭、坦玛瑟那以及来自乔寺、巴萨曼寺、苏安奠寺、熙格寺和博寺等五座寺庙的上百位僧侣在此次战争中幸免于难。交趾士兵没有破坏这五座寺庙,由于居住在寺里的都是些老人以及与亲人失散的人,交趾士兵也没伤害他们。而那些受伤的交趾士兵,老挝僧人们也都对他们进行了救治。他们之中痊愈后不想留下来的都离开了,想留下来的就住了下来。从此,澜沧王国境内出现了交趾人。后来,乔寺的帕摩诃萨弥昭派坦玛瑟那以及三十位僧人和多位随从前去恭请帕耶猜也查卡帕彭飘继续为王,后者三次拒绝了请求。于是,他们便去邀请统治勐葛的帕耶腊森泰①继任澜沧王国的王位。接受帕摩诃萨弥

① 据老挝大部分史书,在帕耶猜也查卡帕彭飘之后是素万那巴郎继位,之后才是腊森泰继位。

昭等僧人请求的帕耶腊森泰,在自己父王的许可下前往香栋香通继任王位。帕耶腊森泰抵达后,乔寺的帕摩诃萨弥昭和帕耶猜也查卡帕彭飘命人去请统治勐塔腊潘浓^①和万坎的维逊古曼^②前来担任澜沧王国的森蒙。维逊古曼有一头名为班雅阿的祥瑞之象,他便乘坐这头大象经陆路来到万坎,然后到帕邦佛前祈愿:"如若未来我能去香栋香通,并实现自己的祈愿,我将会建造一座宽十庹、长二十庹的精舍,并迎请佛陀前往香栋香通。"之后,维逊古曼从陆路出发前往香栋香通。抵达后,帕摩诃萨弥昭敦皮和帕摩诃萨弥昭敦侬、昭敦腊^③以及众臣推举他为森蒙,让他到清罗居住。

---

① 与前文提到的腊潘浓应为同一个地方。
② 维逊拉萨、维逊拉腊王和维逊古曼是同一个人。
③ 与前文的敦腊为同一人,都是指帕耶腊森泰。

昭敦腊登基一年后，帕耶猜也查卡帕彭飘在清刊去世。昭敦腊下令打造一副银质棺材用于存放帕耶猜也查卡帕彭飘的尸体，并派人将帕耶猜也查卡帕彭飘驾崩的消息转告阿瑜陀耶国王。阿瑜陀耶国王便命昆熙腊萨郭萨送来一副金棺、一副檀香木棺和布帛五百匹，用以举行帕耶猜也查卡帕彭飘的葬礼。帕耶猜也查卡帕彭飘终年八十三岁，遗体在清刊火化，新王命人在清刊修建一座寺庙，用于存放帕耶猜也查卡帕彭飘的骨灰。之后，昆熙腊萨郭萨便启程返回阿瑜陀耶，并向阿瑜陀耶国王汇报了情况。次年，阿瑜陀耶国王命昆殷和昆熙腊萨郭萨送来用于举行灌顶加冕礼的礼器。帕摩诃萨弥昭敦皮、帕摩诃萨弥昭敦依以及朝廷大臣为昭敦腊举行灌顶加冕仪式，昭敦腊正式登基，而维逊古曼则担任森蒙。阿瑜陀耶和澜沧王国从此更加团结，昭敦腊

承诺，"我的兄弟阿瑜陀耶国王，如果想要获得什么物品，请派人前往两国边界的一个地方，如果是从那一侧①过来的使者，则先在萨雅毕和巴瓦湖附近暂住；如果是从这一侧②过去的使者，则先在布阿湖附近休憩。无论是否进行买卖交易，都应在那个地方商量讨论"，那个地方因而得名那双哈。腊森泰的登基仪式在小历八五三年（公元 1491 年）即辛丑年③五月十三日月曜日上午举行。腊森泰王登基一年后，帕摩诃萨弥昭敦皮和帕摩诃萨弥昭敦侬圆寂。腊森泰王在为两位高僧举办完丧礼之后，恭请摩诃帖拉昭堪皮腊担任摩诃萨弥昭敦皮，恭请摩诃帖拉昭萨坦玛翁萨担任巴萨曼寺

---

① 指阿瑜陀耶。
② 指澜沧王国。
③ 此处两个年份矛盾，小历八五三年是辛亥年，而辛丑年是小历八四三年。

住持,恭请摩诃帖拉昭帖銮担任玛诺隆寺的坦玛瑟那。腊森泰王向三位高僧颁布谕旨:"任何人,无论是违抗了王命还是违抗了其他帕耶的命令,是盗贼、烧毁粮仓和房屋之徒还是杀害他人、夺其财产之徒,是犯下与有夫之妇通奸还是偷盗国家财产等罪行之人,如果进入了三位高僧管辖的地域,可免除其徒刑或死刑,但他们需要接受教导,才可继续从事以前的工作。"从此,澜沧王国百姓过上了幸福的生活。腊森泰王在位共四十年,在七十四岁时驾崩。腊森泰王的王后昭佐[①]嬢恬、三位高僧以及担任森蒙的维逊古曼为腊森泰王举行葬礼,在香冈殿名为欧昂添的地方举行火化仪式,并修建了一座寺庙用于存放腊森泰王的骨灰,这座寺庙名

---

① "佐"在古代与"昭"含义相同,用作王后、公主名字的前缀。

为布帕寺,人称布安盘寺(布阿腊帕①),恭请苏蔵塔高僧担任住持,授衔"僧伽瑟那",并将诺法师请到这座寺庙里,让他负责小僧侣的教学工作,给予他年俸禄六十万斤②大米,此外,每月还赐予水果、盐、姜、蒜和茶梅等食物。这位诺法师是一位通晓三吠陀的高僧。腊森泰王的祭奠仪式结束后,腊森泰王二十五岁的王子昭松普继位。昭松普虽然一侧眼睛失明,但仍相貌堂堂。然而这位国王在位仅三年就驾崩了,他的遗体在布安盘寺前火化。后来他的养父闷那在火化处修建了一座佛塔,取名为闷那塔。昭松普的母后昭佐孃恬将昭松普的骨灰放进两个金瓮里,将其中一个金瓮安放在位于霍銮的索寺里,由二百个奴仆负责守护,因

---

① 此处为编者用括号添加的注解,"布阿腊帕"意为东方。
② 此处单位为老斤。

此,索寺也被称为索帕耶巴坦帕耶松普寺①。另外一个金瓮则被安放在新修建的巴素艾寺里,由一群奴仆负责守护。四个月后,昭敦腊的女儿茜薇公主离开人世,她的遗体在玛诺隆寺火化。国王命人修建了一座寺庙用于存放她的骨灰,这座寺庙取名为香冈寺。同时,勐穗境内的勐邦以及一块长四皮亚阁②的田地被布施给了香冈寺,由富人辛和他的朋友负责守护。一年后,昭敦腊的王后昭佐孃恬以及摩诃萨弥昭带领众僧侣和大臣前去恭请担任森蒙的维逊拉腊继任帕耶腊森泰的王位。维逊拉腊继位三年后的一天,维逊拉腊王到熙格寺里听经。在那里,他碰到一位女子。这位女子住在熙格寺南边,她的母亲是熙格村人,一位帕耶清罗

① 意为存放帕耶巴(霍銮)和帕耶松普的骨灰的寺庙。
② 老挝古代土地单位。

娶了她的母亲后生下了她。维逊拉腊王问及这位女子的身世,得知她是帕耶清罗的孩子,便娶她为妻,封号"佐孃盘迪清"。而维逊拉腊王的第一任夫人,朝廷上下推举她为"布阿恬",即维逊拉腊王共有两位妻子。维逊拉腊登基七年后,与佐孃盘迪清诞下一位公主。这位公主在三岁时不幸夭折,她的尸骨在篾嘎寺南边火化,国王下令修建了一座寺庙用于存放她的骨灰,取名为阿索①寺。次年,维逊拉腊王的第一任夫人佐孃恬②去世,她的尸骨在林贤韶山火化,人们在火化处修建了一座佛塔安放她的骨灰。三年后的一天夜里,佐孃盘迪清梦见一棵娑罗树,这棵树粗大无比,且枝繁叶茂。第二天早晨醒来,她将梦境转述给自己的丈夫维

① 意为无忧。
② 即布阿恬。

逊拉腊王。国王便唤来诺法师、坦玛尊腊法师和萨腊庞玛

法师询问,这三位法师都是古时那空城派往澜沧王国的使

团的后人。他们预测:"您将来会生下一位优秀的王子,他

将成为国民之倚靠。"七天后,王妃就怀孕了。十月怀胎,她

真的生下了一位王子。丙寅年,维逊拉腊王对这位小王子

十分满意,他想起自己在离开万坎前往香栋香通接任森蒙

一职之际,曾向帕邦佛许下的愿望。现在愿望已实现,为了

还愿,维逊拉腊王便下令修建一座大佛塔和一座大精舍,准

备迎请帕邦佛到寺里供奉。于是他请乔寺的帕摩诃萨弥

昭、三位法师以及大臣们一同商议佛塔和佛寺的选址问题,

因为他打算将修建佛塔和佛寺的地方变成澜沧王国的佛教

圣地。乔寺的帕摩诃萨弥昭和三位法师翻阅高僧摩诃巴萨

曼从那空城带来的史书,书上写道:"在那考昭有一块石头

宽十六腕尺、长十八腕尺,石头的位置大致在桑延河河口南部、那考昭北部和考嘎山南部之间的地方。佛陀曾预言,这块我坐过的石头所在的位置,未来将会出现一位圣明的君主,在此地建造大佛塔。"以上是史书所记载的内容。维逊拉腊王和王妃十分满意,同意将塔址定在史书提到的那个地方。维逊拉腊王命闷銮、昭赛、昭夸、普岱、普讷阿和闷葛等大臣寻找用于建造精舍的木材,命迪清、西潘、扎何安、昆彭、昆合以及多名奴仆前去寻找砖块,用于建造一座能够覆盖史书中记载的佛陀曾坐过的那块石头的佛塔。王妃负责监督佛塔的建造,而维逊拉腊王则负责统筹修建精舍和佛塔等事务。壬申年三月初二土曜日,耗时三年零七个月,佛像铸造和高达二十三厇的佛塔修建工程竣工。之后,国王向佛塔佛寺布施了村庄和田地。被布施的田地范围起自华孔

道路的南边,向北一直延伸到鸿霖森韶,再延伸到茂河河口,之后往南到南康河和塔快码头一带,然后往北延伸到洪林的道路为止。

此后,维逊拉腊王依据自己宗亲的功勋对他们进行分封,功勋较多的人分封的土地面积大些,功勋较少的人分封的土地面积则小些;仅根据功勋进行土地分封,不允许官僚用钱财向国王购买分封的土地。如果仍有人向国王献上钱财企图购买土地,则将受到处罚。

但另一方面,臣子进献金银财物请求国王赐予土地用于建造佛塔僧刹的情况仍存在。对于这种情况,国王会在佛塔僧刹建成以后,将这些钱财归还给臣子,用于佛寺的维护。这种做法在历代国王之间传承延续,形成了惯例。

接下来讲讲维逊拉腊王任命官员和调整官职的事迹。

维逊拉腊王让自己的妹妹篾瑜阿昭嬢闷那嫁给昭赛。这位昭赛又名陶铮,被派去统治普讷阿。国王让自己的另一位妹妹篾瑜阿昭嬢彭嫁给昭勐巴霍銮夫人的孩子,即贡堪。这对夫妻的长相十分俊美。国王派贡坎去统治勐卡崩,授爵"帕耶阿卡崩"。国王让母后的一位弟弟担任闷銮,人称"闷銮那①"。国王让玛哈帖薇去统治勐葛西闷,后来,她不来觐见国王,并违抗王令。出于害怕,她逃往韶岱,于是国王命巴坎霍前去取闷葛的性命。玛哈帖薇死后,她的遗体在萨廓山火化,人们修建了一座寺庙用于存放她的骨灰。从此,在维逊拉腊王的统治下,澜沧王国的百姓安居乐业。

---

① "那"意为舅舅。

维逊拉腊王六十岁时,闷卡崩不来觐见国王。国王便派名叫昭艾的普讷阿前去攻打勐卡崩,但未能攻下。次年,国王又命自己的义兄昭夸前去攻打勐卡崩。双方在腊瓯急湍附近交锋。最后帕耶卡崩战败,被追击到嘎山,因迷路被抓。帕耶卡崩请求出家为僧,国王允了他的请求,让他在乔寺湖中央的藏经阁与帕摩诃萨弥昭一同生活。一年后,维逊拉腊王封昭夸为森蒙,授爵"森苏林塔勒赛"。之后,维逊拉腊王驾崩,终年七十七岁,澜沧大臣在维逊寺为他举行火化仪式。

这本《昆布罗王》,是由维逊寺担任坦玛瑟那昭敦皮的帕摩诃帖銮与担任坦玛瑟那昭敦侬的帕摩诃蒙坤辛梯昭以及国王、全体大臣共同修撰而成,耗时五年。

终

译后记

为贯彻落实习近平总书记在亚洲文明对话大会上提出的"中国愿同有关国家一道,实施亚洲经典著作互译计划"重要倡议精神,2021 年 4 月 26 日,中国和老挝双方以交换文本的方式签署了《中华人民共和国国家新闻出版署和老挝人民民主共和国新闻文化旅游部关于中老经典著作互译出版的备忘录》。根据备忘录,中老双方约定在未来五年内,共同翻译出版五十种两国经典著作,为两国的读者提供更多优秀精神文化产品,《昆布罗王》就是互译书目中的一种。

《昆布罗王》的全名是《昆布罗王传》,据马哈西拉·维拉冯等老挝学者推断,系十五世纪澜沧王国维逊拉腊王在位期间,由高僧帕摩诃帖銮、帕摩诃蒙坤辛梯以及国王与全体大臣共同编写而成的,是老挝目前所知的最古老的史书之一。该书内容丰富,反映了古代老挝政治、经济、外交和文化等方面的内容。其主要内容分为三大部分,第一部分具有十分浓厚的神话色彩,介绍了自混沌初开到昆布罗王下凡建国的故事。第二部分讲述了澜沧王国建立以前的历史,包括澜沧勐斯瓦的建立等。第三部分则记录了自法昂王建立澜沧王国到维逊拉腊王在位期间的重要史实。纵观全书,部分内容的描写具有浓厚的夸张和传奇色彩。尽管这些内容不一定是真实历史的写照,但在一定程度上也能反映历史的面貌。就总体而言,《昆布罗王》对于加深有关老挝先民和澜沧王国等方面的认识具有重要意义,是研究世界史尤其是老挝史的重要参考资料,值得学界进一步深入研究。知名东南亚研究学者贺圣达先生指出,"《昆布罗王》的史学价值胜于文学价值"[①]。

译者在阅读蔡文欉先生编写的《老挝》一书中首次接触到"昆布罗",然而书中仅有对昆布罗王只言片语的介绍。因此,此前译者对这位被老挝人视为开国始祖的昆布罗王仅有一个较为模糊的认识。由于出版年代较早,在多方努

[①] 贺圣达.东南亚文化发展史 [M].昆明,云南人民出版社,2011 － 285.

力下才找到了 1994 年老挝文原版《昆布罗王》。《昆布罗王》原使用经书文字(坦文)记载,以贝叶文本存世,经马哈西拉·维拉冯和努安·乌恬萨达二人转写整理成老挝文,于 1967 年首次出版,1994 年再版。两版的主要不同之处在于第二版使用了空格进行断句,并用阿拉伯数字替换了老挝语数字。编者在 1994 年版的图书版权页中写道,"本书保留了原文本的老挝语拼写方式",因此,书中许多词汇的拼写与现代老挝语不同。再者,部分词汇的语义在社会变迁的过程中发生了改变,且目前尚未有一本可供参考的古代老挝语词典,这方面的问题只能依靠译者自身的阅读积累并向老挝专家咨询解决。文本的另外一个问题是部分语句由于文字缺失而导致语义不明,这些内容在前后文中没有复现,再加上翻译时间的限制,导致暂时无法获取到更多

材料进行考证,因此译者仅能根据零散的文字揣摩大意,同时尽量保留原作的面貌。

就个人而言,翻译《昆布罗王》无疑是一个巨大的挑战。首先是时间方面,译者需要在不到一年的时间完成整部作品的翻译。其次是内容方面,文本中存在许多梵语、巴利语借词和古式表达,增加了理解的难度;还有多处内容需要有相关的背景知识,如古代老挝官职和行政区域的设置、占星知识与佛教知识等,才能很好地理解和把握原文本。因此,译者还需要花费大量时间查阅相关资料和文献。无法自行解决的难题,仅能在完成教学任务的同时利用零碎的时间向老挝语专家和相关领域的专家学者进行咨询。最后是翻译处理方面。翻译界有一个耳熟能详的比喻——翻译是"戴着镣铐跳舞"。考虑到该书是历史文本,其内容也不乏

一定的文学性,再考虑到大部分中国读者对老挝的历史、文化知之甚少的情况,译者在翻译过程中只能在"尽量忠于原文"、文学性与可读性之间不断权衡,以"信"为首要翻译准则,并通过添加脚注的方式帮助读者扫除因"文化空缺"带来的阅读障碍。因此,虽然文中部分内容难免有夸大之嫌,如有些数字往往过分夸大而不可信,或是部分事件的记载与当前老挝主要史书的叙述不太相符,除了可以通过上下文确认确实存在谬误的情况,译者仍按原文译出,同时在第一次出现这种情况的地方添加注释,之后不再一一注明。另外,原文本仅在每段的结束有句号,其余地方都使用空格断句,译者在翻译过程中根据情况添加了标点符号,而段落结构仍遵从原文本,不重新分段。需要特别说明的是,文中出现有许多人名、地名等专有名词,此前国内多位老挝研究

学者在自己的论述中发表了其部分译法,但除了香通等常用名能够实现译名统一以外,一名多译的情况并不罕见。鉴于此,本书为了保持译文的整体性,除一些常用名仍沿用约定俗成的译法外,其余均主要采用音译的方法。译者在交稿时曾提交过一份译名对照索引,又考虑到此译本主要面对国内普通读者而非老挝语研究者,最终选择予以省略。美玉需要精雕细琢,好的译文同样需要反复打磨。即使交了稿,译者仍坚持一遍又一遍地阅读译稿,不断斟酌词句、润色文本。最终,在恰逢老挝塔銮节的这一天成稿付梓。

这本译作的完成离不开多方面的支持和帮助。感谢陆蕴联老师和张良民老师在百忙之中阅读了译稿并提供了修改意见,感谢李灿老师和周利群老师在佛教和占星学知识等方面提供了帮助,感谢多位提供语言咨询的老挝朋友,尤

其感谢2018年老挝信赛文学奖和2020年湄公河文学奖得主、老挝语言文学专业博士在读生、僧人帕奔塔维·龚帕潘在部分涉及较多梵语、巴利语借词和古老挝语的段落理解方面提供了指导。感谢天津教育出版社的各位老师为出版此书所做的工作。

由于时间仓促,译者涉猎有限、学业不精,译文难免存在不足之处乃至谬误,真正到了《昆布罗王》中译本面世的时候,心里的忐忑依然挥之不去。真诚希望读者能够宽宥,不吝指正。

陆慧玲

2022 年 11 月 18 日于北京